朝日新書
Asahi Shinsho 861

江戸の組織人

現代企業も官僚機構も、
すべて徳川幕府から始まった！

山本博文

朝日新聞出版

江戸の組織人

現代企業も官僚機構も、すべて徳川幕府から始まった！

目次

はじめに……11

第一章　武士という名の組織人……17
家筋の違いは身分の違い……18
番における勤務の苦労……24
布衣《ほい》役になるために……29
諸大夫《しょだいぶ》役栄転のためには……34
人材登用の道が開かれていた御徒《おかち》……40

第二章　大江戸治安機関の組織人……45
町奉行所の組織……46
町奉行の地位の重さと多忙な業務……51
町奉行所見学と「七不思議」……56

町奉行と与力・同心……61
町奉行所与力の給料と役得……66
町奉行所の慣行と利権……70
目《め》明《あか》しの弊害……75
辻番《つじばん》は武家屋敷の警備施設……79
町奉行所の裁判……84
安政大地震と町奉行所……87
鼠小僧《ねずみこぞう》次郎吉の逮捕……92
小伝馬町牢屋敷の制度……101
火付盗賊改《ひつけとうぞくあらため》……106
長谷川平蔵が創設した人足寄場《にんそくよせば》……110

第三章　財政・出先機関の組織人……117
勘定所の流弊……118
評定所は幕府の最高裁判所……128
栄達する者が輩出した評定所留役《とめやく》……133
遠国奉行の序列と仕事……138
第四章　江戸城内の組織人……153
老中の経費……154
陰の老中、奥右筆《おくゆうひつ》組頭……160
小姓《こしょう》の仕事と昇進……165
将軍の側に仕える役職……171
旗本のエリート、目付の職掌……176
将軍の目や耳になった御庭番……185

御庭番の日常業務……194
坊主衆の城内での役割……199
御用頼《ごようだのみ》表坊主の横暴……203
江戸城台所の悪弊……208
出向した大奥女中の気位の高さ……213
大奥に勤める男子役人……218
大奥で事件が起こった時の処理……223
第五章　処遇と処世の組織論……229
将軍家と天皇家との縁組……230
出向した旗本の待遇……239
甲府勤番は不良旗本の溜《たま》り場……244
役職につかない幕臣の上納金……249

勤向格別な者への手当金……254
組織を守るための手段……259
組織改革と慣行……264
内部告発の是非……269
いじめがもたらした重大事件……274

第六章　組織人としての田沼意次《おきつぐ》
――出世と組織の関係を考える……279

おわりに……303

講演録　江戸に学ぶ日本のかたち……307
江戸幕府旗本の出世のあり方……308
江戸幕府におけるキャリアとノンキャリア……311

川路聖謨《かわじとしあきら》の心構え……316
武士道と切腹……322
誰かが責任を取るということ……337
日本人の名誉心……344

はじめに

江戸時代の身分には、士農工商があったとされるが、この分け方は便宜的なもので、実際には、武士とそれ以外の百姓・町人らのおおきく分けて二つの身分しかない。ただし、武士身分、百姓・町人身分の中で、さらに身分内身分とでも言うべき階層差があった。

百姓身分や町人身分では、比較的単純で、百姓ならば耕地を所持する本百姓と耕地を持たない水呑《みずのみ》百姓、町人ならば町屋敷を持つ地主・家持《いえもち》と店借《たながり》（借家人）である。しかも、耕地の売買や町屋敷の売買が実質的に認められるようになるので、この身分は固定的なものではなかった。

一方で武士身分の中の身分階層は複雑であるが、これも単純にして言えば、上士《じょうし》、平士《へいし》、下士《かし》の三つの身分に分かれる。幕府の組織も藩の組織も、三つの身分を基本にして組織を作り上げていた。

上士は、諸藩で言えば、家老、組頭などを務める家柄である。

家老は、藩によって奉行《ぶぎょう》、用人《ようにん》などとも称される。実際に藩政を行う家老の外に、代々家老を務めるとされた家を永代《えいたい》家老の家格とした藩もある。大藩では、一万石以上の領地を持つ家老がおり、小藩では五百石ぐらいでも家老になる。しかし、それは各藩の事情であって、上士は上士である。

組頭は、平士を束ねる上級家臣である。組頭から家老にのぼることもあるので、家老と組頭は同じ身分だったと理解できる。これらの上士は、領地を持つ場合が多い。領地は知行と言われ、石高で表示される。知行とは、領地から年貢《ねんぐ》を取る権利を言うが、年貢だけではなく領地の農民を使役することもできる。

平士は、知行を取る武士のうち、上士を除いたものである。石高にすればおおむね百石以上であるが、小藩では五十石ぐらいから平士となる。本来は騎馬の格で、組頭に統率されて藩主の馬の廻《まわ》りにいて護衛にあたることから、「馬廻《うままわり》」とも言う。

藩の実務は、平士のうちから選抜された者によって担《にな》われる。城下町を支配する町奉行、農村を支配する郡《こおり》奉行、下士を統率する物頭《ものがしら》、江戸留守居役などは、この平士が務める役職である。

平士の身分の中でどのあたりに位置するかは、知行の額で示される。百石取りの武士なら「鑓一筋《やりひとすじ》の家」とされ、鑓持ちを従えて合戦に従軍する格である。「鑓」は、れっきとした武士が使う鑓のことで、足軽の持つ「槍《やり》」とは違う。同じ武器でも、持つ者の格によって漢字表記が違い、拵《こしら》えも違うのである。

三百石取りの武士ならば、馬に乗り、死角となる鑓脇を家来の「侍」に守らせて合戦に従軍する。千石取り以上ともなれば、騎馬の軍団を指揮する格で、これは上士である組頭になる。

ただし、上士の二男、三男は、別家《べっけ》を許されると平士となるから、大局的に見れば上士と平士の身分の差は必ずしも大きくない。しかし、平士と下士の間には、大きな溝があった。

下士は、徒士《かち》（徒歩で従軍する下級の武士）や物書《ものかき》（下級の書記役）である。知行は持たず、藩の蔵から給料としての米を支給される武士である。その身分は、三十俵五人扶持《ぶち》というように年収で表示される。石でなく俵で表示されるのは、藩の蔵から俵に入った米を支給されるからである。

知行の一石は、一石の米が収穫できる領地のことだから、四公六民（四割を年貢で取ること）とすれば、四斗の米が収入となる。一方、蔵米《くらまい》の一俵は三斗五升入りである。

したがって、知行一石と蔵米一俵では知行の方が多いが、知行はあくまで年貢を実際に取らなければ収入とならない。つまり、不作の時には年貢を減免したり、知行の場所によって収穫量も異なるなど、ならせば知行一石の収入は四斗以下になった。

そのため、知行一石と蔵米一俵がほぼ同じ年収であるとの通念があった。違うのは、知行を持つ武士が本来の武士で、蔵米を支給される武士は格下である、ということである。

江戸時代前期、諸藩で財政窮乏が進むとともに、知行制度の改革が行われた。上士の一部を除いて多くの知行取りの領地を藩で一括管理し、知行取りの家臣には年貢分を蔵米から支給するというものである。

これは、武士の格式にかかわることだから、大きな反発があった。しかし、一方で、個々の知行取りにとってみれば、知行地を管理するための家臣も必要で、不作の時には大幅に収入が減るといった事情もあった。

藩は、知行の石高表示はそのままにして格式を維持し、毎年同じだけの収入を保証することで、その改革をなしとげる。これを「蔵米知行」という。単に米を支給されるのではなく、知行から徴収する年貢を藩から支給されるのである。

それまでは、藩の蔵入地（直轄地《ちょっかつち》）は、藩主のいわば私的財産部分のみだったから、藩主がさまざまな経歴の者を代官として年貢を徴収していた。しかし、蔵米知行となると、藩士の知行地まで蔵入地に含まれることになるので、平士のうちの優秀な人材を抜擢《ばってき》してこれを管理させるようになった。これが郡奉行である。

郡奉行は広大な領地を管轄することになるので、現地には代官を派遣して耕地の管理、治水灌漑《かんがい》、年貢の徴収にあたらせた。知行制度改革以前と以後では、代官の性格が違う。

武士の身分の違いは、家臣の持ち方、服装、態度、言葉、婚姻のあり方など、武士の生活すべてを違うものにした。

婚姻で言えば、上士は上士同士、平士は平士同士、下士は下士同士で縁組を結ぶ。上士は数が少ないので、他藩の上士との間で縁組することも多い。また、上士と平士の上層の間では、縁組が結ばれることもあった。

しかし、上士や平士は、けっして下士と縁組することはなかった。下士は、下士同士で縁組し、百姓・町人との間で縁組を結ぶこともあった。また、下士の最下層である足軽身分には、百姓の二、三男を取り立てることも多かった。

言葉遣いでも、平士は下士に「貴様」といい、下士は上士に「あなた」と呼ばなければならない。

足軽は、往来で上士に行き逢《あ》った時、たとえ雨であっても下駄《げた》を脱いで路上に平伏しなければならなかった。

こうした身分序列を幕府の組織にあてはめて考えれば、譜代大名と三千石以上の旗本が上士、三千石未満の旗本が平士、御家人が下士に相当すると言える。このことは、武士身分の三分法の普遍性を示している。

ただし、旗本・御家人は将軍の直臣《じきしん》（直接の家臣）であるから、藩士とはずいぶん格式が違う。大名は将軍の直臣であるが、藩の家老は一万石以上の知行を持っていても将軍から見れば陪臣《ばいしん》（家来の家来）である。それに対して、旗本でも三千石以上の者は、大名と縁組を結ぶこともあった。

こうした身分序列があったことを前提に、幕府の組織を中心として江戸時代の組織のあり方と組織に生きる武士たちの実像を見ていきたいと思う。

第一章

武士という名の組織人

家筋の違いは身分の違い

将軍の直臣《じきしん》は大名、旗本、御家人

将軍の直臣には、大名・旗本・御家人の三種類がある。大名は一万石以上の武士、旗本は一万石未満で将軍に御目見得《おめみえ》（拝謁《はいえつ》）できる武士、御家人は御目見得できない武士である。

旗本と御家人は、おおむね知行百石以上と以下で分かれる。

俗に旗本八万騎と言うが、これはおおげさな表現で、実際には旗本が五千人、御家人が一万四千人ほどだった。

旗本は、徳川家家臣団の中核だったから、「直参旗本」と称し、非常に高いプライドを持っていた。彼らに対しては、大名でさえ遠慮することもあった。

ただし、旗本すべてがそうではなく、旗本のうちでも、家格の高い者がそうした意識を持っていたのである。

旗本の家格のうちで最も自負を持ち、優遇もされたのは、「両番家筋」の者で、「大番家筋」の者がそれに次いだ。

両番とは、将軍の身辺を警護する軍事組織である書院番と小姓組番の二つの「番」を指す。代々、これらの番に配属される家を「両番家筋」と称したのである。

大番は、徳川家の軍事組織の中核で、両番に次ぐ「番」だった。「大番家筋」の旗本は、知行おおむね三百石以上で、騎馬の格である。両番と大番の差は、将軍との距離の差による。

次いで寛永二十（一六四三）年に設置された新番、徒士《かち》格の旗本の軍事組織である小十人組があり、これらを総称して「五番方」と言った。その他に、役職に就かず、番にさえ配属されない「小普請《こぶしん》」の旗本がいた。

旗本の役職での序列

これらの番に配属される番士は、番頭《ばんがしら》に統率される。例えば書院番の場合、八組あり、それぞれに番頭がいる。一組は番士五十人によって構成され、番頭には番士のほかに与力十騎と同心二十人が預けられた。また、番士の中から一人が組頭となった。

小姓組番は、制度が整備された寛永期に六組となり、のち西丸に四組が置かれ、十組に増えた。大番も、寛永年中に十二組となった。

十二人の大番頭がそれぞれの組を率いるのは両番と同じだが、一組の番士五十人の上に四人の大番組頭がいた。

大番は、江戸城では二丸や西丸の警備に当たり、二組ずつ交代で、二条城や大坂城の警備に出張した。

大番は、戦いの時には先鋒《せんぽう》に派遣されるので、その部隊の長である大番頭は、両番の頭よりも格上とされた。一方、組頭は、両番の組頭の方が上で、番士も両番の方が上だった。

「両番家筋」の旗本は、家督を継ぐと、書院番か小姓組番の番に配属され、優秀な者は、徒頭《かちがしら》、小十人組の頭《かしら》、使番などを経て目付となり、さらに遠国奉行に昇進していく。「大番家筋」の者だと、なかなかそうした役職には就けなかった。

おそらく大番家筋の旗本には、先祖が今川家や武田家に仕えた者が多かったため、そうした差ができたのであろう。

しかし、「大番家筋」であっても、「両番家筋」の者と武士としての格は、それほど差が

【幕府の主な軍事組織】

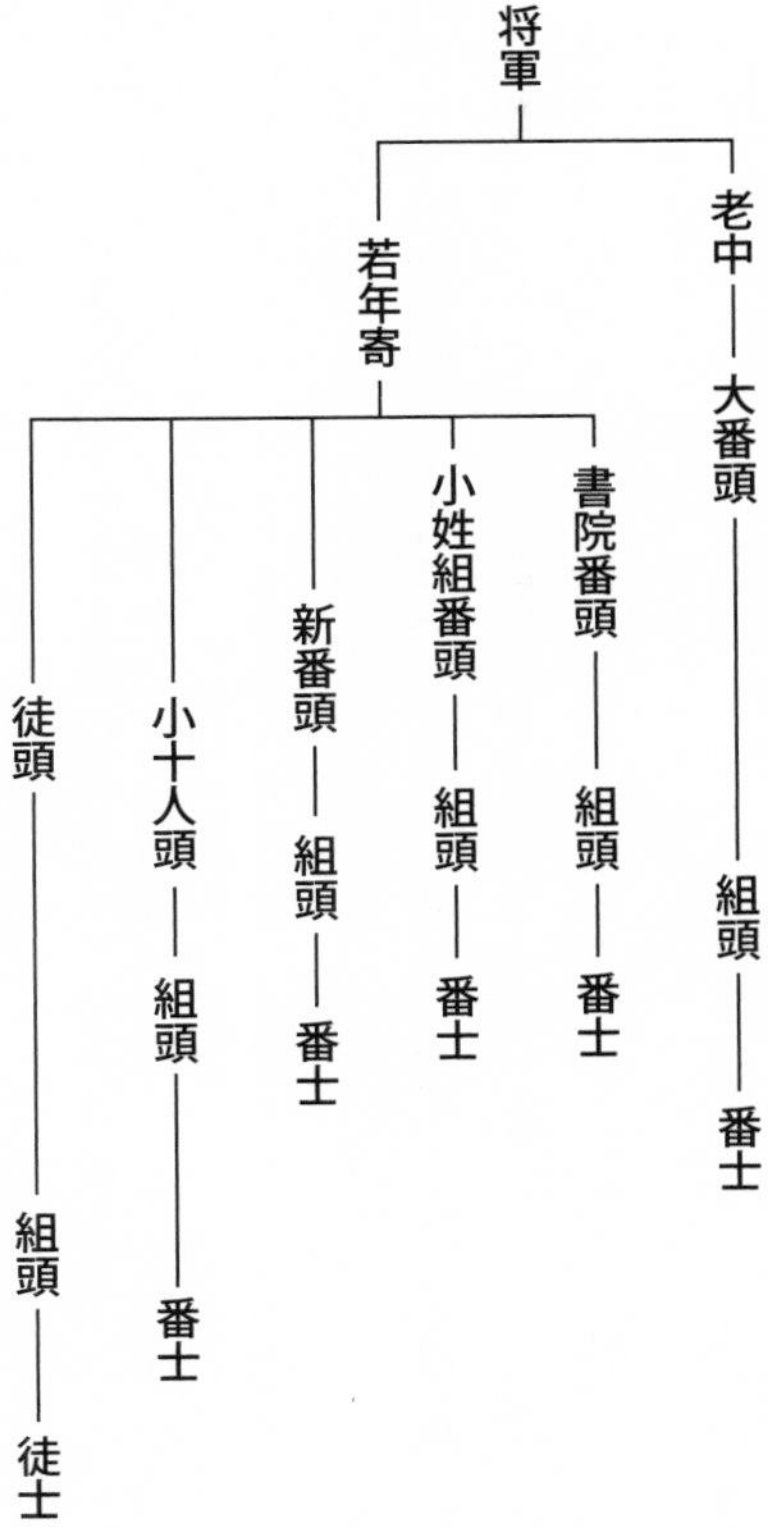

※表中の役職の上下位置は、おおよその格（禄高）の差。
※小十人組も徒士組も戦時の歩兵だが、小十人組は番士も旗本なのに対し、徒士組では組頭以下は御家人。

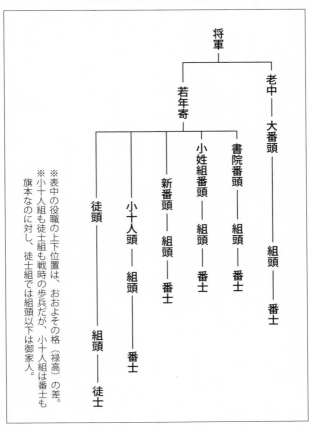

なく、旗本としての誇りは強かった。そのため、それ以下の家格の旗本に対しては、差別的とも言える感情を持っていた。

家格制のもとで肥大化した差別意識

八代将軍吉宗《よしむね》に、しばしば幕政に関する意見を求められた譜代門閥大名の酒井忠挙《ただたか》は、次のようなことを書いている。

四代将軍家綱の頃までは、賄頭《まかないがしら》（江戸城の台所へ魚肉蔬菜《そさい》、その他一切の食料品を供給する役所の責任者）や細工頭（江戸城の建具・諸道具、及び高札や下馬札などを調進する役所の責任者）などの役職には、大番や新番の番士を任じていた。

しかし、こうした役職は、武官である大番士には好まれず、また実務経験がものを言うので、次第に実務に長じた家格の低い者が頭になるようになった。賄頭、細工頭ともに二百俵高の役職であり、特典として嫡子《ちゃくし》が大番や小十人組に召し出されることになっていたので、大番にも家格の低い者の子弟が入るようになった。

すると、誇り高い大番家筋の者たちは、低い家柄の者と交際するのを恥じ、嘆かわしいと思う者が増えたという。

こうした状況について忠挙は、次のように言う。

「たまたまは賤吏《せんり》より昇進するも、諸士をはげまさるるためともいふべけれど、ひたすら定例のやうになりもてゆくは、あまりにもつたいなき御事なり」

能力があり、努力もした者を、たまに昇進させるのは、他の者の励みにもなってよいが、それが決まったコースのようになるのは、家格制を揺るがす残念なことだというのである。高い家格を誇る大番士が、実務に携わる低い家格の者たちを軽蔑《けいべつ》し、それを周囲も不当なことだとは考えていないのである。

こうした世の中では、低い身分から出世していった者は、いくら実力があっても肩身が狭かったであろう。

同じ家筋の者の間では、家禄《かろく》に二、三倍の差があっても比較的良好な交際がなされたが、家筋が違うと、ほとんど身分が違うような扱いを受けたのが、江戸時代の旗本社会だったのである。

番における勤務の苦労

番入り

いつの時代も、組織の中で仕事をするのは、その部署部署の決まりがあって、神経を使うものである。上下関係もさることながら、先輩後輩関係が特に厳しい。

江戸時代、旗本の勤務の始まりは、軍事組織である「番」に入り、将軍の護衛や江戸城などの警備にあたるというものであった。

中でも、前に述べたように、小姓組番か書院番に配属される旗本は幕府内ではエリートであり、その後の出世が期待できた。

番入りする年齢はまちまちで、十四、五歳で元服してすぐという者もいれば、三十歳近くになってようやく番入りする者もいた。

それまで家庭で厳しいしつけがあったとはいえ、番入りして先輩の番士とうまくやっていくのは、想像以上にたいへんなことであった。

番入りすると、先輩の中から一人、「師匠番《ししょうばん》」がつく。いわば新人の指導員で、万事、師匠番の言うことをきいて勤務に励むことになる。新人は、何かにつけ師匠番に家来のように従属し、上司よりも恐れたという。

たとえば大番は、十二組あって、一組五十人ほどで構成される。責任者の番頭は別格で高禄《こうろく》の旗本か大名が任じられ、番士から昇進する役職として組頭四名がいる。

晴れて番入りした旗本は、同僚となった番士に、贈り物をするという習慣があった。極品の鰹節《かつおぶし》一連ずつ、あるいは反物一反ずつというのが決まりで、五十人分もの贈り物が必要となる。

平常の勤務では、汁番、弁当番というのがあって、五十人分の汁や弁当の用意をする。先輩の食べるものであるから、粗相《そそう》があってはならず、たいへんな気遣いが必要だった。特に夏の頃などは、魚がすぐ傷《いた》んで悪臭を放つようになる。そうなれば、先輩の厳しい叱《しっ》責《せき》を受ける羽目になる。

新人いじめ

森山孝盛という家禄知行三百石に蔵米百俵の大番家筋の旗本は、「賤《しず》のをだ巻」(『燕石《えんせき》十種《じっしゅ》』第一巻所収、中央公論社)という随筆で、大番に番入りした頃のことを回想している。孝盛は元文三(一七三八)年生まれで、安永二(一七七三)年四月、大番に配属されている。数えで三十六歳と比較的遅い番入りである。

田沼意次《おきつぐ》が老中になったばかりの頃だが、孝盛が配属された組の組頭は廉直《れんちょく》な人で、贈り物などは禁止していた。だから、番入りの出費はなく、専任の番士が新人をいじめるようなこともなかった。

しかし、その代わり礼儀作法には厳しく、新しく番入りした者は、同じ組の者五十人すべての家をその日のうちに訪れ、挨拶《あいさつ》する掟《おきて》になっていた。出かけていって、もし不在ならば、何度も訪れなければならない。当時は、同役の者は比較的家が近所同士だったから、逆にそういう日常の儀礼的行為も必要だったのである。

孝盛は、よく知っている人が同僚となり、その人の家を十五回訪問したが、ついに面会できなかったという経験を語っている。しかし、会えなかったで済ましていると、あとで厳しく叱責されることになるので、何とか会えるまで訪問するしかなかった。

他の新人も、日が長い時期に番入りした者はよかったが、日が短い時期に番入りした者は、とても回りきれず、困惑したという。

さて孝盛は、しばらくして小普請《こぶしん》組支配組頭に昇進した。小普請とは無役の旗本で、役につかず、番入りもしていない者のことである。その小普請を束ねるのが小普請組支配で、その配下の組頭は中間管理職である。

新たに小普請組支配組頭になった者は、組頭会議である寄合《よりあい》の初日、同役二十三人を招いて料理を出すことになっていた。孝盛の場合は、これに四十五両もかかったという。四百石の旗本の年収は五公五民として計算すれば金二百両ほどだから、年収の四分の一が消えたことになる。

なぜ、それほどお金がかかるかといえば、その部署部署で決まった仕出屋や菓子屋があり、それがとにかく高価な店だったからである。しかし、安い店であつらえたりしてそれが発覚した時は、同役に責められ、手をついて謝る羽目になる。だから、決してそこでケチってはいけなかったのである。

このような風習は、とくに十八世紀後半、老中田沼意次が権勢を増すとともにエスカレートしたが、天明六（一七八六）年八月、田沼が失脚し、翌年白河藩主の松平定信が老中になると、次第に改められるようになった。

孝盛は、「昔はこのように厳しいものだったのに、今の勤務は楽で、子弟の身になって考えればありがたいことだ」と感慨を述べている。礼儀作法に名を借りた新人いじめのようなものは少なくなったようだが、それでもやはり江戸城での勤務は神経を使うたいへんなものだったと想像される。

新役いじめは、その後、また復活しているからである。

幕末の高家《こうけ》大沢基輔は、「新役と申して役に出ました当分は古参の同役の茶番をも致し丸《まる》で小使の用をするのでして、第一烟草《たばこ》をのむことも許されません、政府の規則でも何でも無いのです、畳へ手を突いて居なければなりません、ソレハ其《そ》れは意地の悪《わ》るい事ばかりです」と述懐し、「私なども吉良上野介《きらこうずけのすけ》と浅野内匠頭《たくみのかみ》の話や松平外記《げき》の事（二百七十四頁参照）なども実にそうであツたろうと思ひました」と言っている（『旧幕府』第五巻第四号）。

武士の世界は、役職上の上下関係より、師匠番や古参の者のいじめの方がよほど深刻なものだったのである。

布衣役《ほい》になるために

まずは「番入り」

現代のサラリーマンが昇進に無関心でいられないように、江戸時代の武士にも昇進はあり、やはり大きな関心事だった。

将軍の直臣《じきしん》で一万石未満の武士である旗本の場合、まず書院番や小姓組番といった軍事組織に配属されることが重要である。この「番入り」が、幕臣としての勤務のスタートになる。番入りできない者を、「小普請《こぶしん》」といい、無役であるかわりに、知行百石につき金一両の小普請金を上納する必要があった。勤務に就けず、そのうえ上納金まで払う必要があるのだから、誰しも番入りを願うのは当然のことだった。

そして、番入りした後は、布衣役になることが目標となる。布衣とは、江戸城での儀式に着用する礼服の一つで、朝廷の位階で言えば六位相当の格式である。

布衣役には、小普請組支配（小普請の旗本の取りまとめ役）、新番頭（番の一つである新番の責任者）、持弓頭（弓隊の隊長）、持筒頭（鉄砲隊の隊長）、大坂舟手頭《ふなてがしら》（大坂の水軍の責任者）、目付（幕臣の監察）、使番（諸大名への使者を務める）、書院番組頭（書院番の司令官である書院番頭の補佐）、小姓組組頭（小姓組番の司令官である小姓組番頭の補佐）、駿府《すんぷ》勤番組頭（駿府城警備隊の分隊長）、西丸御裏門番頭（江戸城西丸裏門警備の責任者）、徒頭《かちがしら》（徒歩で従軍する御徒の隊長）、小十人頭（番の一つである小十人組の隊長）、舟手頭（江戸の水軍の責任者）、御納戸頭《おなんどがしら》（将軍の身の回りの物を管理する責任者）、御腰物奉行（将軍の刀剣を管理する責任者）、御鷹匠頭《おたかじょうがしら》（将軍の鷹を管理する鷹匠の責任者）、勘定吟味役（幕府財政を監査する役）などがある。

それでは、大勢いる番士の中で、どのような者が布衣役に登用されたのだろうか。

御目付役による素行調査

幕末に、目付、町奉行、外国奉行を歴任した山口泉処という旗本は、維新後に次のように回想している。

「布衣以下から布衣以上を拵《こしら》えるときが、よほどむつかしいので、布衣以上に撰挙する権は若年寄にありますが、布衣以下より以上に挙げるときは、篤《とく》とその人の容子（様子）を調べて、平生学問はできるか、身持はどうか、家事は治まるかとかいう行状を逐一調べるので、それを調査するのがやはり御目付の役です」（『旧事諮問録《きゅうじしもんろく》』岩波文庫）

若年寄は、譜代大名が任命される役で、幕府の閣僚である老中の補佐をする。また、旗本の人事権の一部も管轄《かんかつ》していた。

単なる番士であれば、家格が良ければ比較的簡単になれるが、布衣役となると、家格が良いだけでは難しい。ここで言われているように、学問ができるか、身持ちは良いか、家は治まっているかというような素行調査があり、それに及第した者だけが布衣役を命じられるのである。

このうち、家が治まっているかというのは、家庭が円満であるというだけではなく、その旗本の家に召し抱えられている家来をよく治めているかどうかという点も見られる。たとえば知行三百石取りの旗本でも、家来として侍一、二人、槍《やり》持ちや挟箱《はさみばこ》持ち、草履《ぞうり》取りなどの中間《ちゅうげん》を数人召し抱えることになっていた。こうした家来たちをよく管理する必要があったのである。

昇進の栄誉

布衣役となるのは、現在で言えば管理職である課長になるようなもので、昇進すれば非常に晴れがましいことだった。人によっては、ここで名前まで改める。

八代将軍徳川吉宗の時代に町奉行を務めた大岡越前守忠相《えちぜんのかみただすけ》は、十一歳で元服し、将軍に初めて拝謁《はいえつ》した時は、求馬《もとめ》という名前だった。忠相は、二十四歳の時に養父の遺跡を相続し、しばらく無役の期間を経て二十六歳で書院番士となった。この時、忠相は、市十郎という名前に変えた。そして、二年後に布衣役の徒頭《かちがしら》になると、さらに忠右衛門という名前に変えている。

武士の名前は、「忠相」という実名のほかに、求馬や市十郎といった通称があり、通称の中では「右衛門」「左衛門」「兵衛」が付く名前の方が権威があったのである。

その後、忠相は、三十一歳で使番となり、三十二歳で目付に抜擢《ばってき》される。目付は、幕臣の監察にあたる役職であり、老中や若年寄の手足としてさまざまな諮問に与《あず》かり、同僚の素行調査なども命じられた。旗本は五千人ほどもいるが、その中でわずか十人しかいない。いわば旗本垂涎《すいぜん》の役職で、格式として布衣役の上にある遠国奉行などの諸大夫役《しょだいぶ》も、目付から昇進する者が多かった。次項では、この諸大夫について述べたい。

諸大夫《しょだいぶ》役栄転のためには

布衣《ほい》役の上には諸大夫役

旗本の出世の第一目標は布衣役だが、出世はこれで終わりではない。布衣役の上には、諸大夫役というものがあった。

諸大夫とは、朝廷の位階で五位のことを指し、同時にそれに相当する朝廷の官職にも任じられる。この官職にはまったく実体はなく、ただその官職名を名乗ってよいというだけであるが、旗本にとってはこれがたいへんな名誉になった。また、諸大夫になるということは、幕府の重要な役職を命じられたということであるから、官職名には実体がないものの、職位はあがるのである。

大岡忠相の場合は、三十六歳で伊勢神宮の門前町である宇治山田を管轄《かんかつ》する山田奉行に抜擢され、従五位下能登守《のとのかみ》に任じられた。

布衣役が、幕府限りの序列であるのに対し、諸大夫の場合は、実際に朝廷から任命書類が発行される。ただし、無料ではなく、書類を作成する公家たちへの礼金が二百両ほども必要だった。

どの官職を選ぶかは、任命される旗本の自由であったが、老中など高官が名乗っている官職名は遠慮する必要があった。もちろん、能登守を選んだからといって、能登国の支配を任されるわけではなく、あくまで名前の代わりに使うだけのことだった。代々同じ官職名を使う旗本家も多い。

忠相は、普請《ふしん》奉行をへて、四十一歳の時、町奉行に抜擢される。山田奉行在任中、当時、紀伊藩主だった八代将軍吉宗の目にとまったという説もあるが、真相はわからない。町奉行は、将軍のお膝元《ひざもと》江戸の行政・司法・警察の総責任者であるから、旗本が就任するには最高の顕職である。

このためか忠相は、官職名を越前守に変えている。平安時代の儀式書である『延喜式』で大国とされる越前国の方が、越前から分かれて成立した能登国よりも格が高く、当然能登守よりも越前守の方が格上だったからであろう。こうした改名も、幕府に届ければ許された。

忠相は、吉宗の信任が厚く、二十年間にわたって町奉行を務め、加増されて一万石になり、大名役である寺社奉行に栄転した。これは、破格の措置である。

普通なら、町奉行を務めた旗本は、大名の監察にあたる大目付となり、高齢になって激職に堪《た》えられなくなれば、格は高いが閑職である西丸留守居に異動する。これが、旗本のあがりで、それ以後は致仕《ちし》（隠居）しかなかった。

遠国奉行は大名並の格式

諸大夫は、格式で言えば、一般の大名と同じである。大名は、家督を継ぐと諸大夫となり、長年藩主でいた場合に特典として従《じゅ》四《し》位《い》下《のげ》に上がる。これを「四《し》品《ほん》」といい、位階が上がっただけだがたいへんな名誉とされた。

京都所司代や老中は、従四位下侍従《じじゅう》に任じられた。これは、下位の国持大名と同格で、上位の国持大名は、近衛少将、あるいは中将に任じられた。加賀百万石の前田家だけは別格で、従三位参議にまでのぼった。

大名は、最低でも一万石以上の領地を持つ領主である。ところが旗本は、わずか五百石の知行であっても、諸大夫役になれば官職の上で大名と同格の存在となるのである。こう

【大名・上級旗本の官位】

官位名(唐名)	位階	該当例
右大臣・内大臣(右府・内府)	従二位から従一位	徳川宗家の当主
征夷大将軍		徳川宗家の当主
大納言(亜相)	従二位	将軍世子、尾張徳川家、紀伊徳川家
中納言(黄門)	従三位	水戸徳川家
参議(宰相)	正四位下から従三位	前田家(加賀藩)
中将	従四位上から正四位上	伊達家(仙台藩) 島津家(薩摩藩)
少将	従四位下から従四位上	中位の国持大名
侍従	従四位下	下位の国持大名、老中、京都所司代、準国持大名
四品	従四位下	準国持大名、長年に亘って在任の大名
諸大夫	従五位下	一般大名 側衆、駿府城代、伏見奉行、留守居、大番頭、書院番頭、小姓組番頭、大目付、町奉行、勘定奉行、長崎奉行…他
布衣	六位相当	小普請組支配、新番頭、御広敷用人、大坂舟手頭、目付、使番、書院番組頭、小姓組組頭…他

※本表は目安。官位とその昇進には例外も多い。

した旗本には、大名ですら丁重な対応をする。

その上、山田奉行など江戸から離れた幕府直轄都市を管轄する遠国奉行は、任地に赴く行列を五万石の大名クラスの格式で行うことが許された。幕臣としては、最高の栄誉である。

のちに勘定奉行、外国奉行として活躍する川路聖謨《かわじとしあきら》という旗本は、奈良奉行に栄転になり、堂々と行列を仕立てて奈良に向かう際、その行列のあまりの立派さに、御目見得以下の支配勘定から勤務を始めた自分をここまで引き立ててくれた将軍の恩に今さらながらに感激し、涙をこぼしている。

多いのは目付からの栄転

遠国奉行などの諸大夫役には、目付から栄転する場合が多かった。なぜ目付が、出世の踏み台になったのだろうか。

前出の旗本山口泉処は、次のように述べている。

「他の布衣以上では、老中や若年寄が使うことがありませぬ。目付になりますと、始終使われますから、人物がよく分かります。目付で使ってみて、存外この者は役に立つから、どこの奉行が空いたから、転じさせようとか、何にしようといって上へ伺うて転役させたりするのであります」（『旧事諮問録』）

つまり、人事権を持つ老中らに直接使われるかち、気心も知れ、能力を認められることも多かったのである。

やはりいつの時代でも、人事権者の側《そば》近くで働く者が、一番出世しやすかったと言える。ただし、目付の場合、目付首座（筆頭）の意見も重視されたから、同僚や先輩とのつきあいにも配慮しなければならない。単なる腰巾着《こしぎんちゃく》では嫌われて、出世の機会も逃すことになった。

人材登用の道が開かれていた御徒《おかち》

家作を持った下級幕臣

JR山手線の駅名に残る「御徒町《おかちまち》」は、その名の通り、下級幕臣である御徒の屋敷地があったところである。御徒や鉄砲組同心など下級幕臣の屋敷地は、「組屋敷」といって、組単位で与えられた。

御徒の場合は、当時「下谷《したや》」と呼ばれた現在の御徒町のあたりのほか、深川元町、本所錦糸堀などにあった。下谷には組屋敷がいくつもあったので、御徒町の名前が定着することになったのである。

分割されるとはいえ、御徒一人あたりの屋敷地は本所錦糸堀で二百坪、深川元町で百三十坪ほどもあった。ただ、下谷では、せいぜい百坪だったという。それでも現在なら大邸宅が構えられるが、家作は自費のため、玄関三畳に八畳と六畳、それに台所と雪隠《せっちん》がついた2DKで、建坪は二十坪ほどに過ぎなかった。

裕福な者はそれに座敷と土蔵、湯殿なども持っていたというが、稀《まれ》なことだった。

百坪以上の敷地に二十坪の平屋があるだけだから、残りは畑にしてナスやキュウリを栽培したり、あるいは若干の地代を取って人に貸したりした。

地代は、安政の頃（一八五四〜六〇）で百三十坪が年間三両三分だったという。金一両を二十万円として換算すると、七十五万円である。現在から見ればずいぶん安いが、家作を建てる必要はないので、それなりの収入になったと考えていいだろう。

徒士組は、全部で二十組あり、一組三十人で、そのうち二人を組頭に任じて組の取締りにあたらせた。組を指揮する徒頭にはエリートである両番家筋の旗本が任じられた。

御徒の給料と「お玉落《たまおち》」

御徒の世禄《せろく》（代々与えられる家禄）は、七十俵五人扶持である。一俵は三斗五升入りだから、七十俵だと米二十四・五石である。米の値段はその年の相場によって変動するが、百俵（三十五石）につき四十両ほどだから、七十俵で二十八両ほどの収入である。

先ほどの換算率で計算すると、年収五百六十万円になる。それに五人扶持がつく。一人扶持は、一日玄米五合だから、五人扶持だと年間約九石（二十五俵と二斗五升）である。

これらの米は、浅草にあった幕府の米蔵から支給されるが、全部が米で支給されるわけではなく、三分の二は幕府公定の相場（御《お》張紙《はりがみ》値段《ねだん》）によって金で支給され、残り三分の一が米で支給される。この米も、自家で消費する分を除いて換金する。これを行ってくれる業者が「札差《ふださし》」である。

旗本・御家人の俸禄は、二月（春借米《かしまい》）と五月（夏借米）に四分の一ずつが支給され、新米収穫後の十月に残り半分が支給される。これを「冬切米《きりまい》」といった。切米が渡される日を「お玉落」という。名前を書いた紙を丸めて箱に入れ、底にあけた穴から落ちた順番に俸給が渡されるからである。

その時、支給される俸禄を全額受け取れる者はほとんどいなかった。皆、札差に借金があったからである。札差の本来の業務は、幕府の米を換金して幕臣に渡し、手数料を受け取るというものであるが、そのほかに幕臣に対して小口の金融を行っていた。その金利収入が莫大《ばくだい》なもので、札差はいずれも奢侈《しゃし》を極めた。

将軍に随行する御徒の昇進

お玉落の日に札差から渡される勘定書には、「差引御不足金何両」などと書いてあって、新しく借金をしないと、生活費にさえ事欠いた。

そのため、御徒クラスだと、下男や下女を雇うことはほとんどない。子供が多い者で、子守の少女一人を置くぐらいがせいぜいだった。

下層の御家人や小普請（無役）の旗本は、傘張りやおもちゃ作りなどの内職に精を出したが、御徒は公務が忙しく、内職はほとんどできなかった。

もっとも、公務のためだけではない。御徒には、人物に応じて御目見得以上の役職に登用の道が開かれており、それを目指して職務や学問に励む者が多かったという事情もあった。

御徒の公務は、将軍の外出に随行してその警備にあたるというものである。そのため、御徒は、黒縮緬《くろちりめん》の羽織を支給され、公務で外出する時はこれを着用した。この服装は、鷹《たか》狩《が》りなどで将軍が外出する時に着用するのと同じもので、もし不測の事態が起こった時は、随行している御徒の中に身を隠すことになっていた。江戸城中で能が催される時も、縁側の下に数名の御徒が黒羽織を着て控えていたという。

このように将軍の身辺近くを警護する役職だったから、励みになるようにと登用の道を開いていたのだろう。こうした道が開かれていると、行動にも差が出る。御徒は、他の御家人に比べて品行には雲泥《うんでい》の差があったという。

努力して御目見得以上の役職に登用される者は多い。親が御徒の株を買い、自身は小禄の旗本の養子になり、支配勘定から勤務をはじめ、ついには勘定奉行という高官にのぼった川路聖謨のような俊才もいる。明治維新の時、五稜郭《ごりょうかく》に籠《こも》って最後まで新政府に対抗したことで有名な榎本武揚《えのもとたけあき》も、下谷三味線堀の御徒出身だった。

第二章

大江戸治安機関の組織人

町奉行所の組織

百万都市江戸の治安を守った二百五十人の男たち

将軍家のお膝元《ひざもと》である江戸は、十八世紀初頭には町方《まちかた》人口五十万人、これに将軍の家臣である旗本・御家人や諸藩の江戸屋敷に暮らす武士を加えると百万人を超える世界最大の都市であった。

この大都市の町方の行政・司法・警察を担当したのが町奉行所で、トップは町奉行である。町奉行は、現在で言えば東京都知事・東京地方裁判所裁判長・警視総監を兼ねる幕府官僚のエリートである。

町奉行は、南北各一名ずつだが、地域で業務を分担するのではなく、月番で業務を行った。たとえば、四月に北町奉行が訴訟などを受け付けると、五月は南町奉行が訴訟を受け付け、北町奉行は四月に受け付けた訴訟を審理するという関係にあった。

町方人口五十万人の治安を守るのは、町奉行に付属された与力・同心たちである。与力は、騎馬の格とされた武士で、南北町奉行所に各二十五名いた。そのうち、各三名は、町奉行の家臣が務める内与力であった（佐久間長敬《おさひろ》著・南和男校注『江戸町奉行事蹟問答』東洋書院）。同心は、南北各百名、全部で二百名いた。幕末の安政期（一八五四～六〇）までに各四十名が増員され、二百八十名になった。

町奉行所の与力・同心たちは、わずか三百名ほどの人員で、江戸の施政を担当し、治安を守ってきたのである。

町奉行所の人事

町奉行は、二十年も務めた大岡越前守忠相《えちぜんのかみただすけ》（在任一七一七～三六）などは例外で、短い時には一年、長くても数年で交代する。任命されるのは、旗本中のいわばキャリア組であって、町奉行の職務に精通しているわけではない。町奉行所の実務を担《にな》ったのは、ほぼ世襲で役を務めた与力たちであった。

たとえば北町奉行所を例にとると、与力二十五名のうち、上から五名が支配与力を務める。この支配与力が、一番組から五番組まで二十名ずつの組に分けられた同心を一組ずつ預かるのである。

支配与力五名の中から二名が、年番方となって、年番で与力の頭となる。町奉行所の人事は、町奉行の権限であるが、実際には与力・同心をよく把握している年番方が人事を行うことになる。

与力の担当は、裁判を行う吟味方、判例を調査する例繰方《れいくりかた》、養生所見廻《みまわり》、牢屋敷《ろうやしき》見廻などに分かれている。これら役の担当をする与力は能力のある者で、新任の者やあまり能力がないとみなされた者は「番方」となる。番方は、奉行所の当直や臨時の役を務める。

町奉行所の警察組織は、同心のみで構成される定廻《じょうまわり》、隠密廻《おんみつ》、臨時廻の三廻である。この人数が意外に少なく、この中心であった定廻が南北各三〜五名ほどしかいない。隠密廻、臨時廻を加えても、せいぜい南北合計三十名ほどの組織で、江戸の治安を守っていたわけである。

もちろん、犯罪の捜査などは、この程度の人員では困難なので、定廻同心たちはポケットマネーで目明《めあか》し(岡っ引き)を雇い、捜査にあたらせた。また、放火や盗賊に関しては、別に火付盗賊改《ひつけとうぞくあらため》が置かれ、配下の同心を指揮して取締りを行った。

いざ、容疑者を捕まえようということになると、番方与力のうちから「検使《けんし》」が任命さ

【町奉行所の組織】

- 町奉行
  - 内与力（町奉行の家臣が就任。奉行の秘書的存在）
  - 年番方 ※与力の筆頭格 ―― 同心（人事、出納等、奉行所全体の管理）
  - 吟味方 ―― 同心（訴訟の審理、刑の執行）
  - 赦帳方・撰要方・人別調掛 ―― 同心（恩赦の資料作成、『撰要類集』の編纂、人別調査）
  - 例繰方 ―― 同心（判例の記録と調査）
  - 本所見廻 ―― 同心（本所・深川に関する事柄を担当）
  - 養生所見廻 ―― 同心（小石川養生所の管理）
  - 牢屋敷見廻 ―― 同心（小伝馬町牢屋敷の取締り） ※実務は牢屋奉行配下が担当
  - 定橋掛 ―― 同心（幕府が普請した橋の維持と管理）
  - 町会所見廻 ―― 同心（市中の町会所の事務管理）
  - 猿屋町会所見廻 ―― 同心（浅草蔵前の札差業務の監督）
  - 古銅吹所見廻 ―― 同心（市中の古銅吹き替え業務の監督）
  - 高積改 ―― 同心（防火のため河岸の荷を監視）
  - 町火消人足改 ―― 同心（町火消の消火活動を指揮）
  - 風烈見廻 ―― 同心（強風時に昼夜巡回。火災の警戒）
  - 人足寄場定掛 ―― 同心（石川島人足寄場の事務監督）
  - 三廻 ※同心だけの職
    - 定廻同心（犯罪の捜査、犯人の逮捕）
    - 臨時廻同心（定廻の補佐）
    - 隠密廻同心（奉行に直属して偵察）

※上記は主な職。時代により職種、人員などは変化する。

れ、同心を率いて捕縛にあたる。実際に捕り物を行うのは同心で、与力はその指揮にあたる。時代劇などで、「御用」と書かれた提灯《ちょうちん》を持って犯人を捕縛しているのは同心で、目明しなどは犯人を捕まえる権限を持たなかった。

現在では考えられないほどコストのかからない組織であるが、これが可能だったのは、将軍の威光と江戸町人の自治組織が作り上げた秩序意識があったからであろう。

町奉行の地位の重さと多忙な業務

最高の位、町奉行になるまでの長い役職歴

町奉行は、旗本が就く役職の中で最高のものであった。もっとも、格は大名の監察に当たる大目付の方が高いが、これは町奉行経験者などが任じられた。

町奉行になるまでには、長い役職履歴があった。まず使番や火事場見廻《みまわり》の役などに任じられて、火事場の事情や江戸市中の地理を知り、目付に選抜されて、城中の諸規則や文武諸官の監察に当たり、幕府の制度や法規を熟知する。

目付から遠国奉行に進むと、与力・同心などを指揮して民政のことを扱い、裁判を行う。中でも、長崎奉行になれば、外国の事情を知り、外交や貿易を担当する。京都町奉行になれば、朝廷の制度を知らねばならず、大坂町奉行になれば、全国経済や流通のことを知らねばならない。中央に戻って勘定奉行になれば、幕府財政や直轄《ちょっかつ》領の裁判を経験する。こ

うしてようやく、町奉行たるにふさわしい経験を積んだことになるのである。

もっとも、これらすべての役職を歴任するわけではないが、多くの者は目付経験者で、遠国奉行を最低一か所は経験している。

最も尊重された町奉行の意見

勘定奉行と町奉行は、幕府中枢《ちゆうすう》の政策審議と上級裁判所に当たる評定所のメンバーである。評定所の審議には、譜代大名が任じられる寺社奉行と老中一人も加わるが、その中でも、町奉行の意見が最も尊重されたという。

南北に分かれた町奉行所には、それぞれ与力二十五騎・同心百人が付属されているが、ほとんどが世襲で、代々与力・同心を務める者たちである。そのため、役務については子供のときから教えられ、経験を積んでいる。新たに町奉行になった者は、自分の家来三人を内与力とし、他の与力・同心への取次に当たらせる。

内与力は、奉行所内の用部屋に詰め、奉行からの指示を他の与力・同心に伝え、与力・同心から提出される公用文書は、内与力が取り次いで奉行に出す。内与力には、同心のうちから十五人を選んで「手附《てつき》」とし、裁判関係の書類の取りまとめをさせた。

つまり、町奉行は、法曹や警察業務の専門家集団である与力・同心に直接対するのではなく、秘書的存在である内与力を、中にかませることによって自己の位置を高め、指示がスムーズに行きわたるようにする体制をとっていたのである。

町奉行は、役高三千石の役職で、後には役金二千五百両も支給された。筆墨紙、蠟燭《ろうそく》、灯油、炭、提灯など役所の経費や手柄をあげた与力・同心への褒美《ほうび》などは、闕所《けっしょ》(罪人から没収した財産)・過料《かりょう》(罰金)などから支出したらしいが、十八世紀後半頃になると、支配下の牢屋経費などとともに、幕府の金蔵から金二千両ほどが渡されたという。

金二千両は、現在の貨幣価値にすれば、せいぜい四億円ほどである。しかし、現在と違って、行政、裁判、警察業務にかかる費用は驚くほど少額だったから、これで十分やっていけたのである。

その理由は、町奉行所の定廻《じょうまわり》同心(警察業務を担当する者)は、例えば警視庁捜査一課の課長職に相当し、刑事に当たる目明しなどの部下は、同心が私的に召し抱える者で、町奉行所の経費としては不要だったのである。

多忙を極めた大江戸八百八町の行政・治安の責任者

テレビの時代劇で、例えば南町奉行大岡越前は、単身捜査したり、犯罪現場に乗り込んだりしているが、実際には町奉行は高級官僚であり、当然のことながら軽々しい振る舞いはしない。

町奉行が、平日外出するときは、長棒駕籠《かご》に乗り、先徒士《さきがち》、鑓《やり》同心四人、駕籠脇侍四人、陸尺《ろくしやく》四人、蓑《みの》箱持ち一人、挟箱《はさみばこ》持ち二人、乗馬一匹、御附《おつき》二人、合羽《かっぱ》籠《かご》持ち二人など、二十五〜二十六人を引き連れた。また、火事場など非常時の出馬の際には、供に二本の鑓を立てることを許された。これは、十万石の大名なみの格式だった。

テレビの時代劇でこんなことを再現していたら、全く話が作れないからやむを得ないが、町奉行の役職の重さというのは、そういうものだったのである。

町奉行は、日々四つ時（午前十時頃）前に登城し、老中が登城するのを待つ。老中が登城すると、御用を伺い、進達物を出し、他の役職の者と公用文書の往復をする。そして用事が終われば、いまだ老中が城に残っていても、「御断《おことわり》」と称して、帰宅する。おおむね用務は午前中に終わるから、午後は、町奉行所において諸事務の決裁などを行った。大江戸八百八町（実際は六百七十四町で、正徳三〈一七一三〉年以降九百三十三町となる）の行政・治安の責任者だっただけに、職務は多忙を極めたのである。

町奉行所見学と「七不思議」

町奉行所の構造

町奉行所は、「番所」と称され、数寄屋橋《すきやばし》門内と呉服橋門内の二か所にあった。位置関係から、数寄屋橋門内を「南番所」、呉服橋門内を「北番所」という。現在では、南が有楽町マリオン、北が東京駅八重洲《やえす》北口辺りである。

南町奉行所は、門前広場に南向きで建てられ、平屋で瓦葺《かわらぶ》き、千人以上もの人が入れるほどだった。訴訟に来た者のために、表門の左隣にある屋敷の境には、腰掛けが設けられていた。

表門は長屋門で、門を入ると、正面に破風《はふ》作りの玄関があった。玄関広間には、正面下が戸棚で上に鉄砲五十挺《ちょう》が並べられ、玉薬、革の覆《おお》い、金の葵《あおい》の紋の付いた弾丸を入れる袋などが飾り付けられていた。左には槍《やり》数十本を長押《なげし》の上に飾った槍の間があり、それに続いて与力当番所があった。

表門は足軽が警備に当たり、玄関広間では奉行の家来が三人、羽織袴《はかま》姿で来客や使者を応接した。与力当番所では、年番与力二人と当番与力二人が、継上下《つぎがみしも》で一列に並んでいた。同心は、羽織袴で事務を執った。

奉行所内には裁判施設であるお白洲《しらす》があり、町奉行の私邸が併設された。奉行の奥方のために、裏に専用の玄関もあった。

年に一度、自由に出入りできた中橋天王祭礼

奉行所の出入りは厳重で、平日は公用のほかは、だれであっても入ることができなかった。ただ、一年に一度、六月七日の中橋天王祭礼（中橋は現在の中央区京橋一丁目にあった地名）のときだけ、諸人が勝手に入ることを許した。

この時は、当日、神輿《みこし》が来た。奉行所では表門を開いて入れ、玄関式台の前に下ろさせた。公用人（内与力）が奉行の名代として奉幣し、御酒を供えた。当番所前でも与力・同心が出て同様にした。

当日は、男女を問わず表門から入り、奉行所内を見学した。奉行の家族・親類から与

力・同心の家族・親類まで多くの者が奉行所に入り、裁判が行われるお白洲を始めとして、役々の執務部屋まで公開された。

見学に訪れた者たちは衣服を着飾っていた。与力・同心の夫人は白襟紋付《しろえり》、娘は振り袖《ふそで》、男子は嫡子《ちゃくし》ならば継上下、次三男は羽織袴であった。

見学は勝手に行ってよく、

「私の夫の調べ所はここですか」

と感心したり、

「私の倅《せがれ》はここで事務を執っています」

と初めて来た親類に説明したりした。

中には、子弟に対し、

「早く、ここで公事吟味（民事・刑事の裁判）を勤める位置に上ることを心懸けよ」

と教訓する者もあり、また、

「罪を犯せばこの砂利の上で、あの縄で縛られて、牢《ろう》にやられるのだ」

と脅す者もいて、四つ半時（午前十一時頃）までは大混雑であった。

奉行や与力からは、赤飯が紙包みで饗《きょう》された。見学が終わると、皆行儀正しく帰途につき、奉行所内ではいつものように業務が行われた。

これは、町奉行所、吟味方与力を務めた佐久間長敬《おさひろ》が往時を振り返って語った話であり、『江戸町奉行事蹟問答』に記載がある。皆に愛される奉行所をめざしたわけではなかろうが、こうした行事があったことはほほえましい。

奉行所の怪談

町奉行所では、大勢の罪人が裁かれ、中には死罪に処せられる者がいた。処刑は小伝馬町の牢屋敷で行われるが、南町奉行所にはいつしか「七不思議」ということが言われるようになった。

血の井戸、入らずの長屋、婆々石、咲かずの藤、ヒヨンの木、暮六つに限って長屋見廻りの者は拍子木を打たず、暮六つ以後、長屋では頬被《ほおかむ》りを禁ず、などである。

「血の井戸」は、奉行所北東の隅にあった稲荷《いなり》の前の井戸で、赤い錆《さび》が生じていて常用に使えないものだった。赤水を血と称したのである。

婆々石とは、奉行所がまだ街道であった頃、この石に腰掛けて茶菓子を売っていた老婆が、御用地になって生計の道を失い、傍らの藤の枝に首をくくって死んだという伝説があり、粗略に扱うとたたりがあるというものである。その藤は、老婆が首をくってから花が咲かなくなったとされる。

どれも他愛のない話であるが、佐久間長敬によれば、新参の者を脅すために作られた話で、奉行の奥向きや家中の婦女子に伝えられ、それが信じられて申し伝えられたという。科学技術の進んだ現代でさえ、「学校の怪談」などと言って恐怖映画が作られ、中にはけっこう怖がっている人もいるから、奉行所にそういう話があったとしてもおかしくはない。

奉行の交代のときは、前の公用人が新公用人に笑いながら引き継いだという。奉行は、そうした噂話《うわさばなし》があることを嫌ったが、婦女子などは、たたりを恐れて言い伝えを守ったため、なかなかなくならなかった。

町奉行と与力・同心

都庁と裁判所を兼ねた町奉行所

江戸の各町には名主がおり、その上に町年寄が三人いた。三人の町年寄は、いずれも江戸草創期以来の旧家で、樽《たる》、舘《たち》、喜多村の三家が世襲で務めた。

江戸の秩序は、各町の自治によっておおむね保たれていて、喧嘩《けんか》や公事訴訟など、ささいなことは名主が裁いた。犯罪者を町内から出したり、町奉行の耳に入らせないようにするのが、名主の働きの一つであった。ただし、斬《き》ったり殺したりということがあれば、町奉行所が乗り出した。

江戸の町奉行所は、北と南の二か所あった。場所が違うだけで、扱う業務は同じである。月番、すなわち一か月交代で、訴訟の受付窓口となる。

ただし、商業については、窓口が分けられている。例えば、呉服・木綿・薬種問屋は町年寄の舘の掛《かかり》で南町奉行所、書物・酒・廻船《かいせん》・材木問屋は樽の掛で北町奉行所というように、それぞれ受け持ちがあった。

テレビの時代劇の影響で、町奉行所は警視庁のような警察組織の印象があるが、実際は東京都庁であり、裁判所でもあった。町奉行の下にいる与力は、都庁の管理職に相当する。

与力の筆頭は年番方で、与力・同心を監督し、金銭の出納、営繕、人事などを掌握した。吟味方は、本役四人、助役六人の十人で構成され、裁判を担当した。下役として同心が二十五人配属された。市中取締諸色掛は、本役四人、助役四人の八人で構成され、下役同心が十六人いた。これが諸問屋や商業方面全体の事務を取り扱った。

そのほか、江戸の治安を守る非常掛、罪人の大赦、旧記・判例の編纂《へんさん》に当たる赦帳方、撰要方、刑法の先例などを取り調べる御仕置例繰方、本所見廻、町会所見廻、牢屋敷《ろうやしき》見廻、養生所見廻などの担当があった。

与力の昇任

世襲の与力は、南北町奉行所にそれぞれ二十三人おり、各掛を分担した。最初与力となると番方に配属され、そこから次第に掛を任されるようになった。番方与力には定員がないが、おおむね半数ほどは番方であった。

与力の知行はおおむね一人二百石で、具足などは自己負担であった。二百石と言えばれっきとした旗本の知行高であり、それだけの格式を認められたのである。侍二人、小者六人を召し抱えることになっていたが、平日は草履《ぞうり》取り一人を召し連れるぐらいだった。同心は三十俵二人扶持だから、身分にはずいぶんな違いがあった。

犯罪の捜査には同心が当たり、捕物の時も捕縛するのは同心で、与力は検使として監督に当たった。同心の手にあまるときは、斬り捨ての命令を発し、ときには自分でも鑓《やり》を入れて同心を助けることがあった。

町奉行は、すでに存在する与力・同心の組織の上に異動してくるキャリア官僚のようなものだったから、ときには物を与えて歓心を買おうとした。定式となっていたのは、夏冬二度の贈り物で、夏は年番方と吟味方与力に、越後縮《ちぢみ》などの反物を贈り、年番与力筆頭には仙台平の袴地《はかまじ》を添えて贈った。冬は京織あるいは絹染地などを贈った。赦帳方、撰要方や御仕置例繰方与力にも、袴地などを贈っている。

奉行の配慮による出費

こうした配慮は、すべて奉行の一存でなされるものであった。それは平生の業務でも例外ではなく、平日、業務が繁多な折には、出勤した者たちへ湯漬《ゆづ》けや鮪《まぐろ》を出し、容疑者を尋問する白洲でも、夜に入れば蠟燭《ろうそく》を立て、火事場への出馬があれば、与力・同心の弁当まで奉行が負担した。

そうした計算されていない出費のためもあり、八代将軍吉宗のとき、町奉行の役高を三千石とし、それ以下の家禄《かろく》の者が町奉行になったときは、差額を支給した。

また、町奉行所の経費の一部を補塡《ほてん》するため、「奉行附の町屋敷」というものもあった。闕所《けつしょ》となった地面（犯罪人から没収した土地）の一部を奉行持ちとし、町年寄が借地人から地代を徴収して奉行に上納するものである。

これは、先に述べた白洲の蠟燭や与力・同心の弁当代、与力・同心への贈り物代に当てられたが、後には足りなくなって、奉行がポケットマネーを出して補ったという。

戊辰《ぼしん》戦争後、これを調査したところ、一か月金百七両と銀一貫五十匁《もんめ》ほど（金にして十八両ほど）であった。

計百二十五両を一両二十万円として現在の金額に換算すると二千五百万円ほど、それほど高額とは思えないが、こうした経費を公費ではなく、闕所地からの地代から捻出《ねんしゅつ》するというのが面白い。

町奉行所与力の給料と役得

与力は裕福だった？

町奉行所の与力は、南北各二十五騎で、その知行（武士の給与で領地から年貢《ねんぐ》を取る権利）は南北各五千石が与えられていた。これを与力給地という。一人あたりにすると、二百石である。

与力の支配役である年番与力も、新参の与力も基本的には二百石ずつの知行である。ただし、それぞれが知行所（領地）を支配すると、勝手に御用金を取ったりして百姓が苦しむので、全体で管理していた。

明治時代になって聞き取り調査を行った歴史家は、「二百石の旗本なども酷《ひど》い貧乏なものでしたな。与力は、なかなか有福（裕福）なものだったということですが」と、元与力の谷村正養に質問している。

二百石程度の旗本だと、槍持《やりも》ちと草履取りは登城の際に必要だったから雇わざるをえないが、若党や中間《ちゅうげん》などは省略する者が多かったという。それだけ生活が苦しかったのである。騎馬の格ではあるが、馬を飼って維持することはとても難しかった。

しかし、同じ二百石でも、町奉行所の与力だけは別だと考えられていた。これは、江戸町方の市政・司法・警察に大きな権限を持つ彼らの羽振りがよく、賄賂《わいろ》を受け取っていると見られていたからである。

役得と賄賂の違い

町奉行所与力は、大名家から頼み事をされ、そのために働くことがあった。これは恒常的な関係で、「御出入《おでい》り」と称し、その大名家から扶持《ふち》や金銭を支給されたり、季節の頂戴《ちょうだい》物があった。これは、半ば公認の役得であった。町奉行所の与力や同心は、犯罪捜査に関わる役職なので「不浄役人《ふじょうやくにん》」と差別されることがあったが、実入りはよかったのである。

しかし、役得と賄賂は違う。裕福な与力は、他の者の羨望《せんぼう》もあって賄賂を受け取っていると言われたりもしたが、実際には賄賂を取ったりするのは困難だったという。

賄賂を取っていたのではという質問に対して、谷村は次のように答えている。

「町与力という者は他から見ますと、たいそう賄賂でも取っているように想《おも》って、旧政府の頃に、他でとやかく申しましたが、内へ這入《はい》って見ますと、右のような訳ですから、あそこへは妙な奴《やつ》が出入りをするというようなことで、眼鯨《めくじら》立てて騒ぎますから、なかなかそういうことはできませぬが、もしございますと、御先手《おさきて》の方へ貶《おと》されます。悪くすると場所（勤める部署のこと）不相応につき御暇というようなことで、二百石を棒に振ることが出来《しゅつたい》しますから、そういう事をする奴は直《じ》き掃き出されます」（『旧事諮問録』）

賄賂を取る者がわずかだったとは言えないかもしれないが、賄賂を取っていると、どうしても周囲の者が不審に思う。そうなると、疑惑究明のために同僚から穿鑿《せんさく》されることになり、実入りの少ない御先手組の与力に異動になったり、悪くすると懲戒免職になることもある。

そうすると、先祖代々受け継いできた与力の地位と二百石の知行を棒に振ることになる。それを考えれば、一時の誘惑で賄賂を取ることはリスクが大きい。倫理観もあっただろうが、現実的な損得で考えても割に合わないことだったのである。

現在の都庁の役人や警視庁の警察官も同様であろう。権限があり、誘惑の多い職場だと思われるが、大多数の人は自らを律して働いているはずである。

しかし、ある意味で羨望の目で見られる職業だけに、世間の目は厳しくなる。ごく一部の者の不祥事が新聞沙汰《ざた》などになると、世間は、大多数の者が同様のことをしているのだと思い、真面目《まじめ》に働いている者まで同列に論じられがちである。迷惑なことである。

町奉行所の慣行と利権

町奉行と与力・同心の身分

厚生労働省や社会保険庁が、関係する書籍や啓発パンフレットを刊行する際、出版業者から多額の監修料を受け取っていたことが明らかになったことがあった。その額は、年間一億円にも及び、経理課が吸い上げて各課へ分配していたとのことである。監修料の管理・分配システムは、ノンキャリア職員の間で代々引き継がれる「利権」のようなもので、キャリア官僚には知らされることがなかったという。

こうしたニュースを聞く度に思い起こされるのは、江戸時代の町奉行所のシステムである。

町奉行所は、前述の通り、キャリア官僚である町奉行と、ノンキャリア職員である与力・同心によって構成される。町奉行が二、三年からせいぜい五、六年で異動していくのに対し、与力・同心は昇進がない代わりに実質的に世襲が許された身分だった。そのため、職務に対する専門知識は与力・同心集団に蓄積され、町奉行はほとんど素人《しろうと》のようなものだった。

もちろん、身分的には町奉行の方がはるかに高い。与力が職務上のことで町奉行に呼び出された時には、次の間で腰の刀を外し、奉行の着座する座敷の敷居際《しきいぎわ》で一礼して御用を承る。すると奉行は、もちろん帯刀のままで、「これへ、これへ」と言う。与力は、謹んで進み出、手を畳に突いて相談に与《あず》かる。

奉行を操る与力・同心たち

しかし、職務については、与力の思いのままで、与力の方針と奉行の考えが違った時は、おおむね与力の方針で事が進められた。また、与力には、諸大名家や町方の有力者から多額の金品が贈られていたが、町奉行はそうした利権の構造に手が出せなかった。

江戸時代には、多く名奉行というものが出ているが、それも与力の側から見れば、その手柄は与力があげさせてやったもので、奉行の実力ではなかったのだという。

与力・同心には隠然たる力があって、奉行は人形のようなもの、与力・同心が人形遣いだったとされる。

名奉行と評判を取る人も、実は与力や同心を甘く使い、そのため与力・同心がこの奉行のためなら、と一生懸命働くため、業績があがっただけのことである。

反対に、与力・同心に居丈高に出たり、あるいはその利権の構造に手をつけようとしたら、与力・同心は働いているふりをしながら実はまったくまじめに働かないので、奉行は業績をあげることができず、二、三年もすれば異動させられることになる。

与力や同心にはこのような悪弊があったので、いくら正義感にあふれる奉行でも対処がなかなか難しかったであろう。大岡越前のように二十年も奉行を務めればそうしたことは是正されたであろうが、短期間で異動する奉行には手が出せなかったに違いない。

もちろん、部下に気持ちよく仕事をさせるというのは、大切なことである。地位に驕《おご》り、居丈高に対したのでは、部下はついてこない。しかし、気持ちよく働けるということの内実が、利権の構造を温存することだというのでは問題である。こうしたことから、組織の健全性が損なわれ、ひいてはより大きな腐敗に繋《つな》がっていく可能性があるからである。

「必要悪」と慣例になった利権の是正

町奉行所においては、利権があることによって特定の者の便宜がはかられ、社会正義が実現されにくい構造になっていたと考えざるを得ないし、社会保険庁の場合で言えば、仕事の発注が適正な対価で行われず、国民の貴重な税金が無駄使いされていたということになる。それだけの監修料を支払った上でなお仕事を取りたいということは、関係出版社はかなりの利潤を上げていたと考えられるからである。

だが上に立つキャリア官僚が、そういう利権の構造に手をつけようとした場合、ノンキャリア職員の反発を受け、サボタージュにあって仕事が進まなくなったかもしれない。見て見ぬふりをしさえすれば、職員はそれなりに働き、仕事は流れていく。もともと利権の一部は、使途が限定されていて使いにくい公費を補う意味もあったと思われるから、「必要悪」だといった言い訳も準備されていただろう。

構造化した不正や利権を是正することは、個人の手には余ることである。それに手をつけるよりは、日々の職務に励んで業績をあげる方が、個人としてははるかに効率的だからである。

しかし、江戸時代ならば無理でも、現代社会において、こうした不正や利権の構造をそのままにしておくのはやはり犯罪的なことである。これを是正するためには、キャリア官僚が短期間で異動していく慣行を見直すとともに、ノンキャリア職員が担当する様々な職務を透明化し、相互にチェック機能が働くようにすることが不可欠であろう。

目明《めあか》しの弊害

私的な使用人

江戸の犯罪捜査にあたるのは、「目明し」と呼ばれる者たちだった。目明しは、「岡っ引き」とも呼ばれる。

テレビ時代劇の「銭形平次」など、目明しを主人公にしたものは多い。これは、明治以降、ヨーロッパの探偵小説をモデルに、江戸時代の探偵として目明しをヒーローにしたものだった。しかし、その姿は理想化されており、歴史的な実態を踏まえたものとは言い難い。

もともと「目明し」というのは密告者のことで、江戸時代の初期、捕縛した犯罪者を連れて歩き、仲間を密告させたことにはじまる。幕府公認の遊廓《ゆうかく》である吉原にも目明しがおり、江戸市中の私娼《ししょう》を探索させたりしている。

このような密告制度には弊害も多く、六代将軍家宣《いえのぶ》の時代には、「目明し禁止令」が出されている。しかし、犯罪者の検挙のためには有効であったことから、なかなかなくならなかった。

目明しは、町奉行所の定廻同心などが、ポケットマネーで雇う私的な使用人だった。目明しが、同心のことを「八丁堀の旦那《だんな》」と呼ぶのはそのためである。八丁堀とは、幕府から与えられた同心の居住地区である。

目明しの実態を伝える史料はあまり残されていないが、法制史学者である平松義郎氏が、町奉行所の改正掛が江戸の噂《うわさ》をまとめて報告した風聞書を紹介している(『近世刑事訴訟法の研究』創文社)。

これによると、目明しは、南町奉行所の三廻同心に百五十九人、北町奉行所の三廻同心に百六十二人が使われている。南町で見ると、その内九十人が給金を支給され、残る六十九人は無給だった。給金の額は、毎月一分から一両二分までと幅があった。

つまり、目明しの多くは、わずかな給金、あるいは無給で同心に協力していたのである。目明しとしての給金だけでは生活できない。外に本業を持つ者もいたが、給金以外の役得に依存する者も多かった。

目明しが吸う甘い汁

改正掛の風聞書によると、目明しの中には悪逆非道な者が多かったことがわかる。

一番の問題は、盗賊を捕らえた時、その盗賊を連れ歩いて別の者を盗賊だと密告させ、自分でその家に盗品を隠したりして、その者を脅して礼金を取っていたことである。これを「当り捕り」といって、厳重に取り締まるべきだとされている。

女性関係でも問題が多い。当時は、婚姻関係のない男女の関係は「密通」として処罰の対象となった。そのため、密通の噂がある者を呼び出し、それを内密にすることによって礼金を取る。また、捕縛された犯罪者の妻に恩を着せて関係を迫る。その上、牢屋《ろうや》では金がかかると脅してその妻を遊廓に売ったりもする。

裕福な町人が芸者と関係しているということを聞くと、これは禁止されている私的な買春だと難癖をつけ、関係が表沙汰《おもてざた》になると困る地位のある町人から多額の礼金を取るといったこともしている。

わずかな人数で大江戸の治安を守る町奉行所だったから、必要悪として目明しを使わざるをえなかった。しかし、目明しの多くはもともと犯罪者と紙一重の者だっただけに、お上の権威で善良な町人を脅して甘い汁を吸う者が多かったのである。

小遣い銭同様の給金で雇っていたということから見れば、同心も、少々のことなら見逃していたと思われる。市民生活に多大の影響を与える警察組織を、安値で運営しようとすれば必然的にこのような問題が出てくるのだろう。

辻番《つじばん》は武家屋敷の警備施設

八百九十九か所の辻番

江戸の町の六割は武家地だった。武家地には、広大な大名屋敷や旗本屋敷があり、大名屋敷では一万坪以上、旗本屋敷でも多くは五百坪から千坪の邸宅だったから、夜ともなると武家地の道は延々と塀が続く寂しい通りだった。

江戸時代初期には、辻斬《つじぎ》りが横行した。辻斬りは、刀の切れ味を試すために行ったものと言われるが、戦国の余習がさめやらぬ時期のことだから、人を斬りたいという衝動を持つ者もいたかもしれない。こうしたことから、夜、町を歩くのはたいへん危険だった。

幕府は、寛永六（一六二九）年、庶民が辻斬りに難儀しているため、大名や旗本に辻番という警備施設を設けるよう命じた。辻番は、武家屋敷の周囲に何か所か設けられ、常時戸を開けて辻斬りなどが起こらないよう見張る小屋である。

大名は、単独で一か所ないし数か所を設けて足軽を置き、旗本は単独で設けるのは経済的に厳しいので、近所同士で何家か共同して置いた。こうして、江戸には八百九十九か所の辻番ができた。このうち、大名のものが二百十九、旗本のものが六百八十だという。この数から言えば、一万石程度の大名だと、他と共同して置くこともあったようである。

幕府の規定によると、辻番には、二万石未満の大名だと昼三人、夜五人、二万石以上だと昼四人、夜六人を置くようになっていた。旗本の場合は、昼二人、夜四人だった。

幕府から辻番設置を命じられた大名は、国元から足軽を呼び寄せ、辻番とした。旗本はそのクラスの家来を出した。しかし、旗本ではなかなか辻番を維持することが難しく、十七世紀後半には請負人に任せるようになった。

辻番は足軽役

こうして、辻番のある部分は、都市に生活する「日用《ひよう》」と呼ばれる人々が務めるようになった。「日用」とは、「人宿」と呼ばれる今で言えば人材派遣業者のもとに集まる者たちで、武家奉公人や普請《ふしん》や作事の人夫として派遣される者である。

十八世紀初頭の学者荻生徂徠《おぎゆうそらい》は、その著書『政談』に、地方の農村から江戸に出てきて武家奉公などを行い、年をとって故郷にも帰れなくなった者が辻番などになっている、と書き、何の役にも立たぬ、と批判している。確かにそういう面はあっただろうが、それでも武家地にこうした施設があれば、それなりに犯罪の抑止力になったと思われる。

幕末の事例によれば、辻番の請負は、一人一年の給金が九両となっている。これはかなりの額である。もっとも、辻番を派遣する人宿がピンハネしていたから、辻番になる者がこれだけの額をもらえたわけではなかろう。ただし、辻番は足軽役だったから、庶民でも刀と脇差《わきざし》の両刀を差して務めた。

辻番は、昼夜ともに交代で務め、番所の戸は開け放ち、常時、受け持ちの地域を巡回した。もし、不審な者や喧嘩をした者がおれば、その者を捕らえ、藩邸の係に連絡し、そこから幕府目付へ知らせる体制をとった。堀にゴミを捨てる者がいればこれを取り締まり、酒に酔って倒れている者は介抱するようにと命じられている。

もし、担当地域に死体があれば、目付に届け、それを晒《さら》し、関係者の申し出がなければそれを寺に葬らなければならなかった。江戸時代は、辻斬りでなくても殺人事件は頻発していたし、行き倒れになる者もいたから、これはよくあることだった。

また、捨子があれば、これを保護し、捨てた者が見つからない場合は、辻番を設けた藩で養育されることになっていた。藩では、捨子に持参金をつけ、子供がいない庶民に養育させたので、捨子が絶えることはなかった。

辻番は交番のルーツ

将軍のお膝元《ひざもと》である江戸のことだから、こうしたことはすべて幕府の責任で処理すべきことだったかもしれない。しかし、これをすべて行うとすれば幕府の手にも余るので、大名や旗本に委任したのである。大名らは、幕府の命令だということで忠実に務めたから、江戸の庶民のためにはよいことだった。

こうした治安維持施設は、実はヨーロッパには見られない日本の特色である。明治七（一八七四）年、警察官が立つ場所に交番所が設けられ、同十四年には立ち番が廃止され派出所が設置された。これは江戸時代の辻番がそれなりに有効な施設だったことが再認識され、こんどは政府直轄の組織として再生されたものではないだろうか。

現在は、日本の至るところに交番があり、警察官が常駐している。その経費はかなりのものだと想像されるが、地域住民の安全には代えられない。考えて見れば、辻とは道路が交わるところだから、辻番とはまさに江戸時代の交番だった。民間に任せる部分が多かったため、ともすれば批判される施設だったが、その意義は十分に認めなければならないだろう。

町奉行所の裁判

町奉行所内の役割分担

テレビの時代劇「大岡越前」や「遠山の金さん」を見ると、町奉行が捜査をし、犯人を捕縛して裁判までしている。

つまり、警察と裁判所の権限を両方持っていたのである。裁判についても、訴追する検事の権能と、審判を下す裁判官の役目を両方果たしている。これでは、江戸の犯罪については全能の権限を持っていたようなものだ。

ただし、町奉行所の中では、それなりの役割分担があった。

まず、犯罪の捜査にあたるのは定廻の同心で、容疑者の捕縛にあたるのは、町奉行から「検使」に指名された与力である。ただし、実際に容疑者を捕縛するのは与力に指揮される同心である。

捕縛した容疑者を取り調べるのは、町奉行所の吟味方与力である。かれらは取り調べのエキスパートで、あまり拷問《ごうもん》に頼らず、証拠などをあげ、自白させたという。そして、その与力の調書をもとに、町奉行が町奉行所の庭に設けたお白洲で審判を下すのである。

テレビ時代劇では、町奉行が、被告に「遠島」などの重い罪を申し渡したりしている。あるいは、「磔《はりつけ》」や「獄門」といった極刑を申し渡しているかもしれない。しかし、江戸時代にあっては、そのようなことは実際はなかったのである。

なぜなら、町奉行所に許されたのは、中追放刑までで、重追放（田畑・家屋敷・家財没収のうえ、武蔵《むさし》・山城など十五国と東海道筋・木曾《きそ》路筋への立ち入り禁止）以上の重い刑罰は老中に上申しなければならない決まりだったからである。

簡単に死罪にはできない？

こういう重い罪に問われる可能性のある事件は、老中の諮問《しもん》機関である奥右筆《おくゆうひつ》に調書とともに引き渡される。奥右筆という組織は老中の公設秘書室のようなものだが、その中に裁判にあたる吟味方奥右筆がいた。かれらは世襲の法曹官僚で、刑事法である「公事方《くじかた》御《お》定書《さだめがき》」や過去の判例を知悉《ちしつ》しており、その事件についての「公事方御定書」の該当個所と似たような事件二例をつけて判決案を作る。

そして、老中がそれを認めた場合は将軍に上申し、その裁可を得た上で初めて判決が言い渡されることになるのである。

ただし死罪の場合、容疑者への申し渡しは老中や町奉行が行うわけではない。小伝馬町にあった牢屋敷で囚獄《しゅうごく》の石出帯刀《いしでたてわき》が申し渡すことになっていた。そして、即座に刑の執行が行われる。

このように、重い処罰の場合は老中に上申されることになっていたため、町奉行所と火付盗賊改がそれぞれお白洲を設けて審判しても、容疑者にそれほど不利になるわけではなかった。

こうした慎重な措置がとられたのは、犯罪者といえども容疑者であるうちは、徳川家の領地の民であり、恣意《しい》的に命を奪うことはできないという観念があったからであろう。これは人権の観念とは違うが、結果的には似たような意義を持ったのである。

安政大地震と町奉行所

直下型地震時の町奉行所、与力の行動

安政二（一八五五）年十月二日、江戸をマグニチュード六・九の直下型地震が襲った。この地震について、町奉行所の与力を務めていた佐久間長敬《おさひろ》が、当時の体験談を話している。

地震があった時、長敬は十九歳の青年だった。十畳敷きの座敷の寝床に入り、寝付きもしないうちに西の方からごうごうという響きが耳に入った。何事かと頭をあげると、夜具のまま三、四尺も投げ上げられたように感じたという。

地震が起こった時刻は夜十時頃と伝えられるから、けっこう早寝だったのである。枕元《まくらもと》では、姉二人が裁縫をしていたが、あまりの揺れに、「どうしよう、どうしよう」と泣き叫びながら長敬の上にうち重なってきた。長敬は、二人の重みで飛び起きることも

できなかった。奥座敷からは、寝ていた父親の声が聞こえた。姉たちとともに廊下に駈《か》けだしたところ、壁が落ちているのにつまずき、将棋倒しになった。ころがるようにして両親の寝間に入ると、母親が声も出せず、うなっている。

どうしたことかと寄って見ると、大柄な下女が三人も母親の上に折り重なっている。地震が起こった時、片付けものをしていた下女たちは、夢中で主人の寝間に走ってきて、母親を守ろうとその上に押し被《かぶ》さったのだった。それが次々に三人もだから、かえって母親は死ぬほど苦しんだ。母親は、三歳になる子を守ろうと身をもって防いでいたのである。

市中の救護に即座に対応した奉行所

その日は、新月の頃で、全く明かりがない。父親は、火をともせと叫んだ。ようやく蠟《ろう》燭《そく》や提灯《ちょうちん》に火をともして見たところ、戸や障子は外れ、家具が散乱し、土蔵はみな土が落ちて柱が傾いている。

早く安全なところに立ち退《の》こうと玄関前の広場に出た。火事が心配なので火は消した。ところが、近所裏の茅場町《かやばちょう》辺の町家では、すでに火が出ていて、たちまち火の粉と光が目に入った。しかし、通常の火事と違い、警鐘《けいしょう》も板木も鳴らない。誰も彼もみな地震の揺れで動くこともできず、ただ自分と家族の命を救うだけで精一杯だったのである。長敬たちは、燃えては何にもならないというので、一番いい衣服を着、大小の刀も一番いいものを差し、お金もできるだけ持ち出して各自に分け、もし離ればなれになったらどうにか生き延びて、再びこの地に帰ってくるようにと申し合わせた。

周辺では、すでに大火事が発生していた。長敬は、お城が気がかりになり、金を投げだし、家族も見捨ててお城に駆けつけようとした。しかし、父親は、「夜中に大地震では城には入れない。それより仲間の若者をさそって奉行所に行け」と指示した。そこで長敬は、人を走らせて仲間の与力・同心を呼び、集まった二十五人で奉行所に出頭した。

奉行所では、町奉行池田播磨守《はりまのかみ》が火事具に身をかため、玄関前で床几《しょうぎ》（臨時に使用する腰掛け）に腰かけていた。長敬は、奉行の無事を祝し、与力・同心の家の様子を報告し、何か御用があればと駆けつけたと申し上げた。

奉行は、お城に同心を遣わし、若年寄から、「上様は我々が御警固申し上げる。奉行所は市中の救護をせよ」との命を受けていた。そのため、被害者への炊《た》き出し、御救い小屋の建設、怪我《けが》人の救護、必要な物品の確保、諸職人の呼び出し、売り惜しみや買い占めをする奸商《かんしょう》の取締りなど、市中の救助や取締りを次々に指示していた。

大地震に遭って助かる運のよさ

こうして見ると、現在の都庁に相当する町奉行所は、被害を受けた人々を救うために、迅速に手を打っていたことが分かる。もちろん、都職員の数とは比較にならない少人数であるが、そのわずかな人数で、大江戸をできるだけ混乱のないようにしようとしていたことは、高く評価してよいと思う。

さて、長敬は、大地震の時にどうすればよいかについて、次のように述懐している。

「出る猶予《ゆうよ》があれば表へ立退くより外はないが、せっぱ詰まった状況では、学者でも英雄でも工風《くふう》（工夫）もなにも出るものではない、アーといふ間に家はつふれて来る、其時《そのとき》表へ飛出した人は夢中に出たので助かったので、たんにまぐれの幸運だったにすぎません」

つまり、大地震に遭って助かるのは、行動がよかったというより、運がよかっただけ、というのである。水戸藩では、有名な尊王攘夷《そんのうじようい》の理論家、藤田東湖《とうこ》が倒壊した家で圧死している。見当たらぬ母を案じて躊躇《ちゆうちよ》しているうちに、被害に遭ったという。学者でも英雄でも、運が悪ければ死ぬのである。

われわれも、実際に大地震に遭遇すると、思っていることの十分の一もできないかもしれない。しかし、運任せにするのではなく、歴史に学び、できるだけの対策は立てておくべきであろう。

鼠小僧次郎吉《ねずみこぞう》の逮捕

実在の盗賊鼠小僧次郎吉

鼠小僧次郎吉は、大名屋敷に忍び込み、多額の金品を盗み取って貧者に分け与えた義賊として有名である。

身軽で高い所にも跳び上がり、屋根から屋根へ飛び移って逃げ去るという逸話から、架空の人物と思っている人も多いが、実在の泥棒である。

次郎吉が逮捕されたのは、天保三（一八三二）年五月八日の夜で、浜町（現在、東京都中央区）の松平宮内少輔の屋敷に忍び込んだ時の事である。屋敷内で物音がしたのを怪しんだ宮内少輔が、盗人かと周囲に用心を喚起し、厳重に捜索したところ、仕方なく高いところから飛び降りてきた次郎吉を捕まえた（松浦静山《まつらせいざん》『甲子夜話《かつしやわ》』続編巻七十八）。

ただし、宮内少輔は、普通のこそ泥と思い、屋敷から幕府へ届けると手続が面倒なので、内々に町奉行所の同心に伝え、門前から追い払ったところを捕まえさせた。

あとで有名な鼠小僧であることを知り、「鼠小僧だと知っていたら、そうはしなかったのに」と残念がったという。

次郎吉は、捕まった時、四十三歳（三十六、三十七、三十八歳との説もある）。盗みに入った屋敷は百か所近く、十七年に及んで盗みを繰り返し、盗んだ金高は直近の十年で三千両をゆうに超え、それ以前のものは覚えていないという。

これほどの大泥棒だったから、当然、引き廻しの上、獄門の刑に処せられた。獄門とは首を斬《き》って刑場にさらすことを言う。

その首を見た者によると、「平べったい顔で丸く、肉付きはよい。色は白い方で、すこしあばたがあり、髪は薄く、月代《さかやき》は伸びていたが目立たない。眉《まゆ》は普通の人より薄く、目は小さい。全体に悪人のようにはまったく見えず、いかにも柔和で人物がよく、職人のように見える」という容貌《ようぼう》だった。

次郎吉の四人の妻

次郎吉は、盗んだ三千両もの金を何に使ったのだろうか。

参考になるのは、次郎吉がかつて博打《ばくち》の罪で追放になり、入れ墨をされていることである。島から戻っても、盗んだ金を博打につぎ込んでいたことは間違いない。

しかし、それだけではない。次郎吉は、江戸に四か所の住居を持っており、それぞれに妻がいた。その生活費もそれなりの額に上ったであろう。

ただし、四人の妻のうち、住吉町に住んでいた妻は、次郎吉が盗みをしていることに感づき、しばしば意見した。しかし、次郎吉が聞き入れなかったため、暇を願って去った。こうしたまともな女性もいたのである。

この女性は、その後、一人で暮らしていたが、次郎吉は人を頼んでしばしば贈り物をしたという。

次郎吉が日本橋三丁目のあたりを引き廻されている時、女が二人立っており、次郎吉が来ると、彼に向かって目礼した。

ただ、これは、妻たちなのか、施しを受けて感謝した者たちなのかは定かではない。

貧乏人に物を施す盗賊の伝説が誕生

一説に、次のような話もある。

次郎吉は、一度町屋に忍び込み、七十両ほどの金子を盗み取った。その後、その家の前を通ると、戸を閉ざしていた。

不審に思って道行く人に聞いたところ、その商人は七十両を盗まれ、しだいに商売が傾き、ついに店を閉じたという。

次郎吉は嘆息し、

「さても町人の身上は朝露のごとし。夫《それ》を取るは情なし」

と思い、またその家に忍び込んで、盗んだ七十両を返した。

そして、それ以後は、金を盗んでも揺らぐことのない武家屋敷のみをねらったという。

こうした話は、当時からあった。そのため、話に尾ひれが付き、次郎吉をモデルにした義賊話が講談などで語られるようになったのであろう。

次郎吉が、貧乏人に金をばらまいたというのも、全くの嘘《うそ》ではないようである。

氏家幹人氏は、次郎吉ではないが、当時、貧者に物を施す盗賊が確かにいて、次郎吉がそれを真似《まね》たとしても不思議ではないと言う（『殿様と鼠小僧』中公新書）。確かに盗んだ金の一部はそうしたことにも使われたかもしれないのである。

現在、両国の回向院《えこういん》に次郎吉の墓があるが、当時、獄門に処せられた者の死骸《しがい》は取り捨てになったから、当然のことながら墓があるはずはなく、にせ物である。

しかし、明治に入ると、義賊鼠小僧は大衆のヒーローとなり、回向院に参拝する者が引きも切らなかったという。苦しい生活を送る庶民は、大名から金を奪って貧民に配るという伝説に共感を抱いたのである。

次郎吉がはたらいた百一件の盗み

鼠小僧次郎吉が泥棒に入ったのは、ほとんどが武家屋敷だった。それは、武家屋敷の警備が意外にお粗末だったためである。

定廻《じょうまわり》同心が取り調べた結果、次郎吉は百一件の盗みを白状した（『甲子夜話』続編巻七十八）。その報告書の中から、「三、四年以前」に行ったものを抜き出してみよう。捕まったのが天保三（一八三二）年五月八日だから、文政十一・十二（一八二八・二九）年頃の犯行である。

加藤能登守《のとのかみ》屋敷では、練塀《ねりべい》を乗り越え、奥向き（妻女が居住する場所）に忍び込み、用《よう》簞笥《だんす》引き出しにあった金子二十両ほどを盗み取った。

松平肥後守中屋敷でも、練塀を乗り越えて奥向きに忍び込み、用簞笥引き出しにあった金子九十両ほどを盗み取った。

西丸御側平岡石見守《いわみのかみ》宅では、西長屋を普請《ふしん》していた時、板塀を乗り越え、奥向きに忍び込み、箪笥にあった金子八十両ほどを盗み取った。

松平土佐守屋敷では、表門の飾り金具を足がかりにして門を登り、屋根伝いに馬場へ降り、長局《ながつぼね》（女中の宿舎）へ忍び込み、金子二両ほどを盗み取った。

松平伊賀守屋敷では、裏の板塀を乗り越え、奥向きに忍び込んだ。ここでは屑籠《くずかご》が出してあり、その中に小箪笥があった。引き出しを開けて見ると、金四十両ほど、小判や一分金・二分金などがとりまぜて紙に包んであったので、それを盗み取った。

小出信濃守《こいでしなののかみ》屋敷では、裏通りの土塀を乗り越えて座敷内に忍び込み、戸棚の中にあった用箪笥の引き出しから二十五両ほどを盗み取った。

わずか一年ほどの間に、数回の盗みを行い、三百両近い金子を盗み取ったのである。

事前調査もした次郎吉の犯行手口

ここであげた犯行で目立つのは、塀を乗り越えて忍び込み、奥向きの用箪笥の引き出しから、金子を盗んでいることである。これ以外の年の盗みを見ても、同じような傾向が見える。武家屋敷に忍び込んだといっても、武士がいる場所ではなく、奥方や女中のいる場所に忍び込み、用簞笥の引き出しをあけて、苦労もなく大金を盗んでいるのである。

小出屋敷では表座敷に忍び込んでいるが、この時も戸棚を開け、用簞笥の引き出しから盗んでいる。どこの家でも金子を置く場所が決まっていて、それを知り尽くしていた次郎吉は、短時間で「仕事」を終えることができたのだろう。

まれに土蔵に忍び込んでいる場合がある。「八、九年以前」の戸田采女正《うねめのかみ》屋敷のケースだが、その場合は、鋸《のこぎり》などを持参し、戸口の下板を鋸でひききって忍び込むという手口を使っている。

これは次郎吉が、戸田屋敷の鳶《とび》部屋（火消しなどを務めた鳶の宿舎）にかねて出入りしていたからできたことで、事前に周到な調査が必要だった。この時は、土蔵から四百二十〜四百三十両という「大成果」をあげている。

次郎吉は、金座にも二度ほど忍び込もうとしている。しかし、塀を乗り越えようとしたところ、夜廻りの者が来る。あわてて隠れ、夜廻りが通り過ぎた後、また乗り越えようとすると、また夜廻りが来る。そのため、次郎吉は、金座の塀はどうしても乗り越えることができなかったという。

金座周辺の警備は厳しかったということだが、やはり日常的に警備体制を整えておくことは実際に防犯に役立つのである。

武家屋敷への侵入は昼間が狙《ねら》い目

次郎吉は、犯行を終えた後は、縁の下などに隠れ、安全に逃げられるまでじっと身を潜めていた。ある大名家では、三日間、縁の下に隠れていたという。

次郎吉の自供によれば、武家屋敷へ忍び込む時は、夜中よりも、かえって昼間の方がよいという。どこの屋敷でも、人足の部屋があり、門番にそこへ行くと言えば門を通してくれたからである。

ただし、人足や家臣の居住区域と表座敷や奥向きとは、門が別で、両区域は土蔵や塀などで遮蔽《しゃへい》されている。そのため、便所などに籠《こ》もって夜を待ち、人通りがなくなった頃を見計らい、塀を越えて奥向きへ忍び込むのである。

武家屋敷の奥向きだから、表以上に厳重に警戒されていたように思われるが、次郎吉によると次のようなものだった。

奥向きは厳重なるやうにても、還《かえつ》て女ばかりなれば、とがむる者も少く、長局《ながつぼね》など存外に盗み取る物多く有り。

——奥向きは、厳重なようであっても、かえって女ばかりなので、見とがめる者も少なく、長局などに入れば意外に盗み取るべき物が多くあった。

大名家の奥向きに務める女中たちは、老後のためか、長年給金を貯め込んでいる者も多く、そうしたものが狙われたのである。

被害にあった者からすれば、だれが盗ったか分からないのだから、同僚の女中を疑う者もあり、それを言い立てられ、無実の罪に問われた者もいたという。それを思えば、いかに危害を加えなかったとはいえ、罪は重い。

小伝馬町牢屋敷の制度

身分で異なる待遇

江戸幕府の牢獄は、小伝馬町にあった。牢屋敷とも言う。

ここの責任者は、囚獄（牢屋奉行とも言う）石出《いしで》帯刀《たてわき》で、大番の家筋だが、世襲で務め、名前も襲名した。町奉行の配下、三百俵、役扶持十人扶持で、同心が五十八人付属した。

牢屋敷の総坪数は二千六百七十七坪、中には何種類かの牢と刑場があり、牢屋敷同心の宿舎や石出帯刀の屋敷も付属していた。

牢屋敷の中はいくつかの建物があり、身分や性別で分かれた。旗本など身分の高い者が入るのは揚座敷《あがりざしき》といい、御目見得以下の武士や陪臣、僧侶《そうりょ》などは揚屋《あがりや》といった。多くの囚人が入れられるのは大牢で、女の囚人は女牢に入れられた。

容疑者が逮捕されると、江戸に七か所ほどある大番屋に連行され、町奉行所から与力が出張してきて尋問する。この時、容疑が晴れなければ、町奉行が入牢《じゅろう》証文を出し、小伝馬町牢屋敷に送るのである。そして、裁判の間は牢屋に寝泊まりし、町奉行所で裁判を受ける。

近代以降は、懲役刑があるので監獄が必要だが、江戸時代では判決が決まれば牢から出される。重い罪には各種の死罪があり、順に遠島、追放などの刑罰があるが、懲役はないので、牢屋敷にいる者はすべて未決囚ということになる。

揚座敷に入れられた旗本の待遇はよく、本膳《ほんぜん》付きの食事で、大牢の囚人が給仕についた。しかし、大牢に入った囚人は悲惨だった。

大牢には、牢名主以下の牢役人がいた。これは町奉行所の牢内掟にも明記されているもので、公認のものだった。密《ひそ》かに金銭を持ち込んで牢名主に差し出せばそれほどいじめられなかったが、何も持っていないと、着ているものをはぎ取られ、大勢で叩《たた》いたり、ぬか味噌《みそ》桶の上澄みの水を身体中になすりつけられた。こうなると、身体中に腫《は》れ物が出来たという。その後は、着古した着物が与えられた。

大牢には畳が敷かれていたが、その畳を十枚重ねて見張畳と称して牢名主が座った。他の牢役人も二、三畳を積んで座り、その他の囚人は畳一枚に七、八人も座らされた。しかし、五日に一度ある牢内見回りの時は、敷き並べたという。

こうした慣行は、当然、牢屋同心などの知るところであったが、牢内の秩序を守らせるためか、黙認された。牢屋に入るような者だから、どのような扱いがされても文句は言えないだろうという発想があったのかもしれない。

町奉行所で審問を受けるのは、せいぜい二、三回である。それまでに、与力が吟味し、詳しい調書を作って町奉行に提出してあるから、町奉行はそれにしたがってたんたんと処理した。

遠島以上の処罰の場合は、老中に伺い、将軍の決裁を受けた。その間、囚人たちは牢屋敷にいることになる。大牢とはいっても、それほど広いわけではないから、ずいぶん混み合うこともある。そういう時は、「作造り」と言って、誰か犠牲者を選び、夜中に殺した。その上、牢内は不衛生で、日も差し込まなかったから、結審までに牢で命を落とす確率はかなり高かった。実際、史料を見ても、牢死という記事が目立つ。

死罪が申し渡された場合は、牢屋敷内の別の場所にある刑場で斬首《ざんしゅ》される。ここは、現在、大安楽寺というお寺が立っている。

様斬《ためしぎ》りにされる罪人

斬首される場所を土壇場《どたんば》と言う。首を切るのは、町奉行所同心の役目である。首尾良く行えば、刀研料として金二分が町奉行所から支給された。

判決が斬首ならば、首を切られた後、身体は刑場の隅にある様場《ためしば》で新しい刀の様斬りに使われる。様斬りをするのは、山田朝右衛門《あさえもん》という刀の様斬りを職としている者である。町同心は首を切るのが下手で、朝右衛門に頼むことがあった。この時は、町同心もなにがしかのお礼を渡した。

獄門の場合は、切った首が牢屋敷の門にさらされる。

大火があって牢屋敷に火が回ると、重罪人は一人一人縛って安全な場所に移されるが、軽罪の者は三日に限って放免された。三日後に両国の回向院《えこういん》か、町奉行所に戻れば罪一等が宥免《ゆうめん》された。戻らず、捕らえられれば死罪である。

火事があれば、外の空気が吸えるとあって、囚人たちは火事を望んだ。しかし、外で三日も暮らすと、牢に戻る気持ちが萎《な》える。だが、戻らないと死罪だから、家族や親類の者が付き添って回向院に集まってきたという。

まったく無関係の者が集められた牢内に、名主以下の序列ができ、さまざまな私刑が行われるというのは、どういうメカニズムなのだろうか。

興味深いところであり、そうした事実を示す史料はあるが、なぜそうなったかを語る史料はない。おそらく序列は、罪の差や入牢した順番などによるのだろう。私刑の方は、罪を犯すような性悪の者が集まっていたからというよりも、狭いところに大勢押し込められた人間たちが陥る心理状況にもよったのではないだろうか。

火付盗賊改《ひつけとうぞくあらため》

軍事組織を警察組織に転用

江戸は治安のよい町だったが、江戸時代前期には放火や強盗などがしばしば起こっていた。これを取り締まるために置かれたのが、火付盗賊改である。

歴代の火付盗賊改の中で最も有名なのは、池波正太郎氏が小説の主人公とし、テレビ時代劇で人気の鬼平こと長谷川平蔵《はせがわへいぞう》であろう。平蔵は、天明七（一七八七）年から寛政七（一七九五）年まで八年間も同職を務めた実在の人物である。

火付盗賊改は、もと盗賊改と火付改の別々の職である。盗賊改は、寛文五（一六六五）年十一月・先手頭《さきてがしら》水野守正が任命されたのが最初で、火付改は、天和三（一六八三）年正月、同じく先手頭中山直守が任命されたのが最初である。その後、一時廃止されるが、元禄十五（一七〇二）年には復活され、宝永六（一七〇九）年からは両職を兼任するようになった。

このような変化は、社会の変化と密接に関連している。十七世紀後半は、いまだ諸大名の御家取《と》り潰《つぶ》しなどもあり、ちまたに浪人があふれていた。そのうちの一部は江戸周辺にあって盗賊化していた。旗本領や幕府領が混在していた江戸周辺地域では、警察力が手薄だったため、それを取り締まるために専任の盗賊改を置いたのである。

しかし、十八世紀に入ると、そのような盗賊は稀《まれ》になり、主に江戸の治安を守るための役職になった。

火付盗賊改は、先手頭という役職の兼任である。先手頭は、合戦の時は、鉄砲や弓を装備して最前線で戦う部隊の長である。鉄砲や弓を持つのは足軽だから、いわば足軽大将である。つまり火付盗賊改は、軍事組織を警察組織に転用したものだったのである。

罪人を怯《おび》えさせた手荒い吟味

このような前線部隊の指揮官は、武功ある歴戦の勇士が任じられたもので、江戸幕府の先手頭もエリート旗本が任命される名誉な役だった。旗本自身はそれほどの家来を持っているわけではないから、幕府から部下を付属させられていた。この部下が先手組の与力・

同心である。町奉行所にも与力・同心が付属させられていたが、先手頭も同様だったのである。

先手組は、鉄砲組二十組、弓組九組があった。各組の人数は、与力が六騎から十騎、同心が三十人から五十人であった。そのうちの一組ないし二組が、町奉行所の貧弱な警察力を補う現在の機動隊的組織になったのである。

幕府の役職の中でこれほどの部下を持つ役職はなかったから、盗賊などを取り締まろうとすれば、軍事組織である先手頭を使うのが自然だったと言えよう。

火付盗賊改は、先手頭の役職のまま兼任するので、加役と称した。一年を通して務めるのが加役本役で、放火などの多い冬場だけ務めるのが当分加役である。

鬼平こと長谷川平蔵は、加役本役で、有名な盗賊を召し捕るなどずいぶん活躍し、江戸の町人にも慕われていた。容疑者を連行してきた町人にはポケットマネーでそばなど食べさせ、容疑者にも心をかけたから、逃亡した罪人がどうせなら平蔵様に捕まりたいといって自首してきたこともあったという。

火付盗賊改は、本来火付けや盗賊を捜査し逮捕することが任務で、逮捕した容疑者は町奉行所に引き渡すはずであった。しかし、自宅に町奉行所のような白洲《しらす》を設け、拷問《ごうもん》の道具を揃《そろ》えて容疑者の吟味まで行うようになった。町奉行所の与力が経験をもとに理詰めで容疑者の自白を引き出したのに対して、火付盗賊改の吟味は拷問を中心とした手荒いもので、罪人からはずいぶんと恐れられたという。

長谷川平蔵が創設した人足寄場《にんそくよせば》

無宿《むしゅく》という流れ者

十八世紀中頃以降、江戸では「無宿」の流入という問題に直面した。関東農村の荒廃、天災、飢饉《ききん》などにより、生まれた村を離れて江戸に来る窮民が続出していたのである。「無宿」とは、江戸時代の戸籍にあたる「宗門人別改帳」から除かれた行方不明者を言う。

天明七（一七八七）年五月、江戸で大規模な打ちこわしがあり、翌月に松平定信が老中首座（筆頭老中）に就任した。定信が直面したのは、無宿の増大に対していかに対処するかという課題であった。

定信は、評定所一座（寺社奉行・町奉行・勘定奉行らで構成した老中の諮問《しもん》機関。百二十八頁以下を参照）に、無宿対策を諮問した。

これまで無宿は、「狩込《かりこみ》」と称して捕縛し、差別された人々の集団に送っていた。しかし、多数の死者が出るなど好ましい状況ではなかったので、定信は、無宿を伊豆七島に送るなり、出身地の大名に引き渡すなりの方策を考えた。しかし、評定所一座は、伊豆七島へ送るのは収容能力に問題があり、島の者も困る、大名も無宿の受け取りには難色を示すなどと、否定的な意見を上申した。

定信は、評定所一座を見限り、寛政元（一七八九）年の秋から冬にかけ、広く幕臣に意見を聴取した。そこで手をあげたのが、火付盗賊改の長谷川平蔵だった。

無宿の職業訓練を始めた長谷川平蔵

火付盗賊改は、放火犯や強盗を検挙するだけでなく、日常江戸市中を見回り、火の用心を周知させ、窃盗犯などの検挙も任務としていた。そのため、平蔵は犯罪に関与する無宿の実態に委《くわ》しく、これを放置していては江戸の治安は回復できないことを痛感していた。

平蔵は、定信に無宿対策を自分が試みてみたいと上申し、意見書を提出した。その骨子は、無宿を集めて作業を課し、職業を習得させること、及び作業と並行して精神的な教育を行うこと、の二点であった。

定信は、これを許可し、石川大隅守《おおすみのかみ》の屋敷がある石川島と佃島《つくだじま》の間の中洲《なかす》を無宿の収容所用地として平蔵に与えた。名称は「加役方人足寄場《かやくかたにんそくよせば》」と決まった。

「加役」とは火付盗賊改を指し、加役が預かる「人足」の収容所という意味である。「無宿」という名称を使わなかったのは、無宿の更生をめざしたものだったからであろう。平蔵は、無宿に職業を習得させ、社会に復帰させようと考えていたのである。

平蔵は、まず葦《あし》が生える中洲の埋め立てから始めなければならなかった。資材は普請《ふしん》奉行から提供されたが、人足には無宿を使い、多大の持ち出しをして土地の造成をした。

寛政二（一七九〇）年二月二十一日、町奉行から平蔵に二十二名の無宿が引き渡され、その後も続々と無宿が収容されていった。

人足寄場では、大工、左官、炭団《たどん》作り、草履《ぞうり》作り、紙漉《かみすき》、藁《わら》細工などの職人仕事を教え、覚えられない者には力仕事を与え、百姓を望む者には農業もさせた。

紙漉は、勘定所の反古《ほご》紙《し》を漉き返した。収容者だけではうまくいかず、職人を呼んで漉かせ、江戸市中に売った。これは「島紙」と言って評判がよかった。炭団も良質な材料を使っていたため、よく売れたという。

こうした仕事は、強制労働ではなく、対価として賃金を与え、寄場を出たあとの生活資金とさせるため積み立てられた。

教育の面では、個人の道徳の実践を説く「心学」が採用された。中沢道二《どうに》という心学者を寄場に派遣し、月三回心学講話を聞かせた。仁義忠孝の道などの話のほか、「堪忍《かんにん》」することが大切だと教えた。

これを聞いた人足の中に、外出して口論し、顔に二か所疵《きず》付けられながら我慢して帰ってきた者がいた。翌日、相手が詫《わ》びてきてそれが分かり、お上から褒美《ほうび》として二貫文を与えられるという美談もあった。

盗賊も減少した無宿対策

長谷川平蔵は、人足寄場に精力を傾けた。幕府が付けてくれた予算は最低限のものだったので、私財を投じてその運営にあたった。自分が設立した人足寄場を、意地でも成功させようと思っていたのだろう。

寄場の収容期間はとりあえず三年を原則としていたが、平蔵の努力の甲斐《かい》あって、寛政二年五月、最初の出所者十四人を社会に送り出した。以後、毎年二百人に及ぶ収容者を社会復帰させることになった。

定信は、人足寄場設立後の江戸の町を見て、

「これによりて今は無宿てふもの至て稀也《まれ》。已前《いぜん》は町々の橋のある処《ところ》へは、その橋の左右につらなりて居りしが、今はなし。ここによりて盗賊なども減じぬ」と書き、「いずれ長谷川の功なりける」と評価している（『宇下人言』岩波文庫）。

しかし、平蔵は、これほどの功績をあげながら、火付盗賊改から遠国奉行などに昇進することはなく、同四年には人足寄場取扱の職も免じられた。

定信を始めとする幕閣は、無宿の減少という功績は認めながら、幕臣として、あるいは武士として平蔵を評価し、それに応じた処遇をすることはなかったのである。

無宿の現実に直面し、彼らを救うために、現場で奮闘した平蔵の多大な努力が無視されたのは残念だが、現在まで名を残しているのは平蔵の方である。

なぜ平蔵は昇進できなかったのか

天明七（一七八七）年に火付盗賊改の当分加役に任じられた平蔵は、翌年十月、加役本役となり、その後長く本役を務めた。長谷川家は知行四百石の両番家筋で、父宣雄《のぶお》は京都町奉行を務めているので、平蔵も遠国奉行に昇進する可能性はあった。

寛政元（一七八九）年九月、南町奉行のポストがあいた。平蔵には期するところがあったが、京都町奉行池田筑後守が昇進した。

同三年十二月、今度は北町奉行が空席になった。この時は、江戸の庶民まで、是非平蔵様が町奉行になってほしいと期待した。しかし、大坂町奉行の小田切土佐守が呼び戻されて町奉行になり、空席となった大坂町奉行にも任じられなかった。

この時、幕閣が「長谷川は目付を務めていないので、町奉行にはできない」と言ったという噂《うわさ》が流れている。小田切も目付は務めていなかったが、知行三千石で駿府《すんぷ》町奉行、大坂町奉行を歴任している。町奉行は勘定奉行、下三奉行（普請奉行・作事奉行・小普請奉行）、遠国奉行から栄転するのが一般的だから、平蔵が町奉行になれなかったのも仕方がなかった。

しかし、両番筋の旗本である平蔵が、遠国奉行になる可能性は開かれていたはずである。平蔵も、強く出世を望んでいた。なぜ、平蔵にその話が来なかったのだろうか。

一つには、火付盗賊改という役が、あまりに平蔵にはまりすぎ、余人をもって代え難いという印象を与えたことがあげられるだろう。平蔵以上の人材を、他の先手頭《さきてがしら》から選ぶことは難しかったという事情は確かにあった。

しかし、二、三年ならともかく、足かけ五年も務めれば、当然、遠国奉行への栄転があってしかるべきだった。そうならなかったのは、平蔵が大盗賊を一人ならず捕らえるという華々しい活躍をし、あまりに江戸の庶民の人気を集めたことが理由ではなかっただろうか。

そのため、平蔵の活躍も、犯罪者まがいの者を手下として使ういかがわしいやり口のように言われ、人足寄場を成功させるため銭相場に手を出したことも、「長谷川は山師だ」というような悪い噂のもとになった。職務に忠実なあまりについやりすぎたことが、平蔵の業績に嫉妬《しっと》する者にとって昇進を抑える格好の口実になったのである。

こうして平蔵は、現職のまま、寛政七年五月十日、享年五十一にして病没した。火付盗賊改の在任期間は、本役だけでも七年の長きに及ぶ。

第三章

財政・出先機関の組織人

勘定所の流弊

大きな権限をもった勘定所

勘定所は、幕府財政を司《つかさど》り、幕府直轄地《ちょっかつち》の民政、裁判なども担当する。現代で言えば、財務省と国税庁と裁判所を合わせたような役所である。

その長官である勘定奉行は、定員四人で、二人が勝手方（財政担当）、二人が公事方《くじ》（裁判担当）、公事方のうち一人は、大目付一人とともに主要街道を管轄する道中奉行を兼ねる。配下には、勘定所の職員のほか、郡代・代官、蔵奉行、金奉行、川船奉行、林奉行、油漆《あぶらうるし》奉行などがいる。

幕府財政に関する広範な業務を担当し、徴税、出金についてはすべて勘定所がかかわるから、勘定所の職員の権限は大きかった。そのため、早くから彼らの不正は、幕府の大きな問題となっていた。例えば、七代将軍家継《いえつぐ》の治世が始まった正徳三（一七一三）年四月二十三日には、次のような布達が出されている。

或は御代官を始メ諸御役所の御勘定仕上ゲ、或は御加増所替の知行所割方《わりかた》、都而此《すべてこれ》等《ら》の事に付而、御勘定組頭幷《ならびに》御用懸《ごようがかり》の面々、其《その》吟味等の次第、正路《せいろ》ならざる由《よし》風聞候《そうろう》。

——代官を始めとする諸役所の決算や、加増・所替の知行所の配分などについて、勘定組頭や担当する職員の者たちの吟味の仕方が正しく行われていないという噂《うわさ》がある。

旗本が加増されたり、領地を移された時、同じ「百石」でも、どの場所の百石かで、ずいぶんと年貢《ねんぐ》の額が違い、江戸からの距離によっても有利・不利ができる。こうした「割方」が、勘定所職員の胸三寸で行われるのだから、知り合いや賄賂《わいろ》を出す者には良い領地を与えるなどの不正は当然あっただろう。

この布達で注目すべきなのは、不正を行っているのが勘定奉行ではなく、「御勘定組頭幷御用懸の面々」であると認識されていることである。

エリート旗本のポスト・勘定奉行

勘定奉行になるのは、両番（書院番・小姓組番の番士）から目付を経て遠国奉行などを経験したエリート旗本である。職務に精励することによっていくらでも出世できる者たちだから、役得はあったとしても、自ら賄賂を要求したりというような不正はしない。発覚した時には左遷《させん》どころか、下手をすれば腹を切らなければならなくなるからである。

しかし、勘定所の職員は、一生、勘定所に勤務し、それほど出世することがない。勘定所の組織は、御目見得以下の支配勘定、御目見得以上の勘定、勘定組頭がおり、その上に次官として勘定吟味役が置かれている。

勘定組頭は、寛文四（一六六四）年に設置された時は、六人だったが、次第に増員され、十人から十三人ほどいた。組頭は財務省で言えば局長クラスで、御勝手方、伺方、帳面方、御取箇方、評定所などの担当に分かれていた。勘定は、勘定組頭の配下で課長クラスの役である。全体で、百三十人ほどいた（「吏徴別録」「会計便覧」「勘契備忘記」、ともに『古事類苑』官位部三所収）。

これらの職員は、世襲する者も多く、会計や幕府財政のプロ集団であった。逆に、勘定

【勘定奉行の配下組織】

勘定奉行

- 留役勘定組頭 ―― 留役勘定
  - 評定所改役 ―― 評定所書物方
  - （評定所における審理のための調査等）
- 評定所番 ―― 評定所書役……
  - （評定所の管理）
- 御金奉行（金銀の出納）
- 御蔵奉行（浅草にある米蔵の米穀の管理、出納）
- 御林奉行（幕府の官林の伐採等）
- 油漆奉行（灯油の管理、出納。漆の収公等）
- 郡代・代官（各天領内の司法と年貢の収公）
  - ※通常、十万石以上預かる者を郡代、それ以下を代官と呼ぶ

※勘定所役人の昇進順序

勘定吟味役 ← 勘定組頭 ← 勘定 ← 支配勘定 ← 普請役元締 ← 普請役……

※表にある役職は、主なもの。

※勘定奉行の配下には、多くの奉行職、また金座、銀座などの諸機関がある。

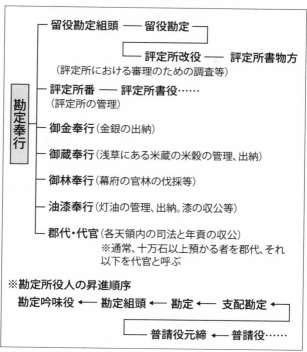

奉行は、行政や裁判については経験を積んでいるが、財政面や会計には疎《うと》い者が多い。そのため、勘定奉行になっても、実務は職員に任せざるを得ない。そこに、不正がはびこる構造的な問題があった。いわば、たたき上げの職員が、職務の知識を武器に好き勝手に行う慣行ができていたのである。

不正を働く勘定所の職員たち

こうした問題は、江戸時代後期まで続く。天保十四（一八四三）年十一月二日に出された「御口達《おこうたつ》（老中が口頭で行う布達）」にも、次のように言われている。

御勘定所の儀は、年来流弊《りゅうへい》に而《て》、兎角《とかく》風俗宜《よろ》しからざる趣に相聞こえ、奉行の趣意相用ひず、或いは奉行を差し越し、申し聞け候者もこれ有る哉《や》に相聞こえ、尤《もっと》も是迄《これまで》奉行も未熟故《ゆえ》の儀には候得共、以ての外の事に候。

――御勘定所は、以前からの慣習があり、とにかく風俗が良くないと言われており、奉行が命じたことも聞かず、あるいは奉行を無視して命令を下す者もあるという噂まで聞こえる。もっともこれまで奉行が職務に慣れていないということもあろうが、もっての外の事である。

やはり、勘定所は、他の役所に比べても風俗が良くないと言われていたのである。特に注目すべきなのは、「是迄奉行も未熟故の儀」があったためか、奉行の指示を聞かなかったり、奉行の頭越しに命令を下したりしたことがよくあったという部分である。つまり、実務を担当する役人が好き勝手にやっていたのである。

せいぜい一、二年で交代する大臣より、長年その官庁に勤めている官僚の方がはるかに実務に精通していることは、現在でもよくある話である。そのため、局長クラスに権力が集中したというのは分かりやすい理屈である。

そして、そうした問題点を、幕府中枢部《ちゅうすうぶ》もよく分かっていた。そのため、「以ての外の事」とは言うのだが、奉行が厳しく対処すれば組頭クラスがそっぽを向き、奉行に協力しなくなる。そうなると、勘定所の業務はたちどころに停滞し、結局は奉行自身が更迭《こうてつ》されることにもなりかねない。勘定所の闇《やみ》は深かったのである。

松平定信の出した通達

天明七(一七八七)年六月、老中首座となった松平定信は、翌年四月、勘定奉行と勘定吟味役に対し、職務に関して通達を出した。

この通達は、奉行と吟味役が協力して職務を果たすようにという第一条に始まり、第二条は大きな権限のある役所であることを自覚するようにと述べ、以下、全七か条に及ぶ。最も重要だと思われるのは、これに続く第三条である。冒頭部分は次のようなものである。

一、姑息《こそく》にひかれ候而《そうろうて》、支配之者曲直《きょくちょく》を相糺《ただ》さざる様《よう》に而は、御不締り之本に而候

——

「姑息にひかれ候而」とは、姑息な考えにとらわれて、といった意味で、そういう考えで部下の曲直（善悪）を糺さないようでは、不締りのもとになる、ということである。定信は、これに続けて次のように言う。ここからは現代語訳で引用しよう。

「不埒《ふらち》のことが表面化すると、事により幕府の損失にまで及ぶかもしれないということで、なるだけ隠しておこうという考えが万一あるとすれば、それでは済まないことである。政治を行うのは、上之御勤《おつとめ》（老中など政治にあたる役職の者の仕事）である。そのような損失を厭《いと》うつもりはない。政治の事に関して、倹約を行おうというような考えはない。問題のある者を懲戒しないでおいては、追々、もっと大きな御不締りにつながるであろう。そのようなことになって起こる損失は、今厭っている損失よりははるかに大きなものになる」

つまり、勘定所の権威を疵《きず》付けないようにと考えて、不祥事や不正をもみ消していると、

その者たちが増長し、さらに大きな問題を起こしたり、不正を働いたりすることになり、結局、幕府にとってより大きな損失になる。だから、小さな不祥事や不正に対しても、厳正に対処する必要があるというのである。

不正の隠蔽《いんぺい》が生む重大な社会問題

これが、現代の組織にも通用する論理であることは、例えば、近年多くの企業で発覚した産地偽装問題などによく示されている。仮に現場の独断であった場合、上層部が知った時点でそれを明らかにし、対処すれば、多少の打撃はあったとしても、信頼を回復することは十分に可能である。しかし、上の者もそれに荷担して隠蔽工作をすると、自ら公表することができず、内部告発などを受けて重大な社会問題となる。

第四条も、同じことを述べている。

「支配下の者の不祥事を申し立てることは、恐れ入ることと思ったならば、なおさら申し上げるべき事である。申し上げるべき事を、恐れ入った事と思い、できるだけ申し上げないようにする時は、恐れ入る度合いが増すだけのことである」

申し立てることを憚《はばか》るようなことでも、それを隠していると、それだけ恐れ入る度合いが増す。

つまりは、奉行や吟味役が知った時点で、すぐに報告し、上の者にその対処法を任せよ、と言っているのである。

勘定所は、公金を扱うだけに、江戸時代を通じて問題の多い部署であった。そして、既に述べたように、勘定奉行が業務に精通しておらず、下の者の助けによって職務をようやく全うできるという状態であっただけに、軽微と思われる不正は見逃し、不祥事にも目をつぶることが多かった。しかし、それが、より大きな問題を生じさせているように、定信には感じられたのであろう。

それまで幕府の外にいた定信が、わずか一年もたたないうちにこのような通達を出したことに、勘定所の問題点が現れている。

言葉の道を塞《ふさ》がず狎《な》れ合いに同調せず

第五条では、「寛大」とか「慈悲」という言葉を、はき違えないようにせよ、と諭している。職務に対して、「寛大」を旨としていると、それに狎れ合って、かえって罪に掛かる者が多くなる。つまり、そのような「寛大」は、「不仁の本」だという。

第六条では、他の役所から申し出たことを勘定所で評議することは、良いことだとしている。ただ、ことさらに批判することは良いことではなく、最初から良さそうなことなら、申し出た役人の見込み通りとしてよい、としている。

ただし、「これは、勘定所で評議を尽くすなと言っているのではない」と付け加えている。

勘定所では、諸役所からの予算要求に対して、評議の上で意見をつけていた。そのため、諸役所の活動の喉元《のどもと》を押さえているような位置にあった。そのような役割は残しつつ、慣例として何にでも文句をつけるようなことは控えるように、ということだろう。

そして定信は、次の言葉でこの通達を結んでいる。

「言路（言葉の道）を塞がず、剛直な言は育てて、人々の狎れ合いに同調しないよう、そうした者を取り立てていくことが大切である」

現実にはなかなか難しいことだが、傾聴すべき言葉であろう。

評定所は幕府の最高裁判所

「評定所一座」と称された最高裁判所

評定所は、いわば幕府の最高裁判所で、三奉行（寺社奉行・町奉行・勘定奉行）を構成員とする。

寺社奉行四人、町奉行二人、公事方《くじかた》勘定奉行二人を「評定所一座」と称した。

評定所の上席は、大名である寺社奉行だった。勘定奉行は四人いるが、二人は財政のことを担当する勝手方であるから公事方二人になる。

評定所の書記官である留役《とめやく》は、勘定所から勘定が出向して兼任した。身分は、「御勘定評定所留役」という。容疑者への尋問や法や判例の調査などは、この留役が行った。

留役は優秀な者でなくては務まらないから、勘定所では、御目見得以下の者であっても優秀ならば御目見得以上である勘定に昇進させ、留役として出向させた。

評定所の会議（寄合）は、二日、十一日、二十一日に開かれる「式日《しきじつ》」と、四日、十三日、二十五日の「立会《たちあい》」の二種類の定例会議があった。

式日の方は、老中も出ることになっていた。ただし、会議に参加するのではなく、会議を障子の陰から聞くというものだった。

式日の会議は、明《あ》け六つ（夜明け時）から始まった。奉行たちは、朝、暗いうちから江戸城和田倉門の外にある評定所へ急いだ。

立会の方は、奉行限りの会議だった。立会で行われた審理は、次の式日でもう一度行われた。つまり、立会が実質的な審理で、式日は儀式的なものだったようである。

このほか、内寄合と言って、それぞれの奉行限りの会議もあった。

大事件の裁判

大事件の時は、五手掛《ごてがかり》と言って、三奉行に大目付・目付各一名が加わって審理する。奉行の方も各役から一人ずつだから、計五人での審理である。

その人選は、上から行った。老中が事件の重要度を考え、この者ならよかろうということで命じたのである。五手掛の会議は、定例の会議日とは別の日に行った。

例えば、大老井伊直弼《いいなおすけ》が殺害された桜田門外の変などの時は、評定所の五手掛で審理された。白昼、大老を殺害したのだから、即座に死罪が命じられそうなものだが、きちんと裁判が行われたのである。

評定所留役としてその裁判を担当した小俣景徳《かげのり》という者が、明治になって、歴史学者の聞き取りに答えてその時の様子を話している。

直弼を殺害したのは、元水戸藩士十七名と元薩摩藩士一名の計十八名である。評定所では、まとめて審問するのではなく、一名一名別々に審問し、一年近くの歳月をかけて結審したという。

井伊家からは、直弼が首を取られたということは言って来ていなかった。あくまで、傷付けられたというだけだった。これは首を取られたことが武門の恥だったからである。

ところが元水戸藩士たちの方は、殺害した、首を取ったと自白している。

そのため評定所では、井伊直弼に配慮して「重き役人に傷を付けて、いかにも不埒《ふらち》ではないか」というように尋問した。

行動よりも精神が重んじられる武士

被告は、最初はなかなか烈しい勢いだったが、三度、五度と審理を重ね、将軍に対する不埒を責めると、もともとが水戸藩の家臣だから、しまいには「恐れ入ります」ということになって、口書（供述書）に拇印《ぼいん》を取って切腹を命じた。

ただし、評定所の中でも、切腹とするか、死罪（斬首《ざんしゅ》）とするかで意見が割れたらしい。切腹でよいと考えた小俣によれば、その理由は次のようなものだった。

「悪心を以てしたのでない。国のためにならぬという所でやったんだから、やはり大石良雄が吉良《きら》を殺したのと同じ事であります。自分の方に対しては忠孝であるが、幕府に対して済まないから死を賜わるがよろしい。料見（料簡）違いではない御国のためを思ってやったから、死罪に行うわけにはいかん」（『旧事諮問録』）

行動はともかく、本人たちは国のためを思ってやったことだから、武士の礼をもって切腹に処そうということである。

このため、死罪が適当とする者と意見が一致せず、なかなか結審しなかったのである。

当時の武士の発想は、犯した罪は同じでも、その精神が良ければ、情状酌量《じょうじょうしゃくりょう》の余地あり、というものだった。しかし、幕府の役人を傷付けたことは、それを任命した将軍に対して不埒だから、切腹は免れない、というのが処分の趣旨である。どちらにせよ死は免れないから結果的には同じだが、幕府の全権を握っていた人物を暗殺したことに対する処分としては、ずいぶん軽い気がする。

しかし、行動の是非ではなく、その精神を問題にするというのが武士の発想であり、現在まで続く日本人的な発想ではないだろうか。テロや殺人は無条件で悪のはずだが、ともすればそれを行った者の精神を評価しがちである。それが、いかに独りよがりのものであったとしても、である。その点は、十分考えてみないといけないだろう。

栄達する者が輩出した評定所留役《とめやく》

低い身分からも抜擢

幕府評定所の書記官である御勘定評定所留役は、前述の通り勘定所の官僚である「御勘定」が評定所に出向して勤めた。

御勘定は、勘定所では中堅どころの役で、勘定所内で昇進すれば御勘定組頭となり、その中から勘定所の次官である勘定吟味役に昇進する者も出る。

御勘定配下で御目見得以下である支配勘定から代官となり、御勘定に昇進する者もおり、御勘定から郡代や上席の代官に転出する者もいる。

評定所留役を人選するのは勘定奉行で、有能な者を選び、御勘定に任じて留役の兼任を申し渡す。そのため、有能ならば、低い身分からでも留役に抜擢された。

留役は、本役十人、助《すけ》五人、当分助《とうぶんすけ》（臨時の助役）五人の構成で、当分助から経験を積んで本役にまでなる。

評定所で裁かれるのは、個別領主支配を越えた犯罪で、たとえば上州（群馬県）の国定忠治のように広域を股にかけて活躍した俠客《きょうかく》などは、一人の領主では裁けないので、評定所に持ちだされるのである。また、藩の境界争いなども、評定所で裁かれたし、仙石騒動のような御家騒動も評定所で裁かれた。

すでに述べたように、桜田門外の変などは、大事件であるため五手掛といって三奉行に、大目付・目付が加わって裁くが、通常は奉行一人に大目付・目付が加わって裁く三手掛である。

たとえば、関東取締出役が容疑者を召し捕らえると、下吟味をして口書（供述書）を取る。留役は、これを読んで、半紙に尋問するべき点を書いて勘定奉行に渡す。奉行は、これを見ながら、最初の吟味を行う。

その後、勘定所で、留役が被告を取り調べる。町方の犯罪の場合は、町奉行所与力が留役の役割をする。これは留役や与力が独自に行うのだが、難しい事件だと、後ろにある屏風の陰で奉行が聞くこともあった。

留役は、普通一人、難しい事件の時は二人で取り調べを行う。取り調べながら、調書を書く。それで留役という名で呼ばれるという。

五手掛の場合、その調書をもとに評定所で三奉行が同席し吟味する。判決が決まれば、容疑者から口書を取る。たとえば、「私は人を殺してまことに恐れ入りました」といった文書を書き、それに拇印《ぼいん》や印形（判子）を押させるのである。

もし意見が違った時は、三奉行は別室で相談する。それでなお意見が一致しなければ、銘々の意見を老中に伺う。三奉行の意見が一致した時も、老中に伺う。老中も同役で相談し、その結果を将軍に伺い、決裁を仰ぐ。

この過程で最も重要な役割を果たしたのが、実際に取り調べを行って判決に関する意見を付す留役だった。通常は、留役の意見が採用された。いわば奉行の吟味は、儀式のようなものだった。

遠国奉行にも出世

留役は、有能だと認められると、キャリア組に交じって遠国奉行に昇進し、町奉行や勘定奉行に抜擢される者まであった。有名な者では、勘定吟味役に昇進し、奈良奉行、勘定奉行、外国奉行などを歴任した川路聖謨《かわじとしあきら》がいる。

川路は、徒士の株を買って江戸に出てきた日田《ひた》代官所の役人の子で、川路家に養子に入って旗本となり、支配勘定から勤務を始めた立志伝中の人物である。

同じく留役経験者で、その後目付を経て奈良奉行にまで昇進した小俣景徳という者は、明治になって、歴史家から「奉行は多くは旗本であって、旗本にはずいぶん愚物が多くありましたか」と質問され、「どうしても知行を持っておりましたから、今日の事情に疎いのであります」と答えている（『旧事諮問録』）。

三奉行にまで昇進する旗本は、高禄の者が多いので、坊ちゃん育ちで、下の事情には通じていなかったのだという。

三奉行になるくらいだから、旗本の中では優秀とされた者である。十九世紀以降の奉行は、学問吟味でも優秀な成績を取った者が多い。

しかし、小俣からすれば、「全くの愚物では奉行になれませぬ。ちっとは話ができんではいけませぬから」という程度のものだった。

そのため、天保以降では、「成り上がりの奉行」が「たいがい一人位ははいっておりました」という。

複雑化する社会の中で、下々の生活をほとんど知らない高禄の旗本は、たとえ能力があったとしても、下から出た者にはかなわなかった。

ただし、小俣は、たとえば三河以来の譜代であっても、勘定奉行として幕末の幕府を支えた小栗上野介（忠順《ただまさ》、二千五百石の旗本）については「なかなかえらい者であったのであります」と公平な評価をしている。

しかし、多くのキャリア組の奉行には「先ず一通りの才子では役に立ちませぬ」と手厳しい。やはり、小俣の言うように、「何でも人間は苦しまなくてはいけませぬ」ということなのだろう。

遠国奉行の序列と仕事

直轄《ちょっかつ》　都市を統治する役人

江戸幕府は、全国の重要な都市を直轄地として、遠国奉行を置いて統治していた。朝廷の所在地で寺社の本山や伝統的手工業の中心地だった京都、天下の台所として商業の中心地だった大坂、貿易都市長崎、伊勢神宮の門前町宇治山田、金山のある佐渡などである。

遠国奉行という名称は、これらの直轄都市を統治する奉行の総称である。実際の役職名は、例えば京都町奉行、大坂町奉行、長崎奉行といったものである。

こうした奉行職には、その都市の重要性や規模などから序列があった。

これは、江戸城で行われる儀式の席順にはっきりと示されている。

貿易を管理する席次の高い長崎奉行

もっとも席次が高いのは長崎奉行で、役高は千石であったが、役料が四千四百二俵一斗あった。

役高というのは、八代将軍吉宗が制定した足高《たしだか》の制で決められた役職の基準高で、千五百石の旗本が任じられれば関係ないが、五百石の旗本だと、在任中差額の五百石分の知行が与えられる。知行は、五百石の生産力のある土地から年貢《ねんぐ》を取る権利だから、収入としては米二百石ほどである。役料は、在職中の手当で、四千四百二俵一斗の米は石に換算すると千五百四十石に相当する。これはかなりの収入である。

長崎奉行は二名が任命され、交代で江戸と長崎を往復したが、一時期、三名体制の時もあった。

長崎奉行は、貿易を管轄するため、実入りの良い役職だった。例えば毎年八月一日には、長崎町中から「八朔銀《はっさくぎん》」という名目で千百三十両が奉行に上納された。これは公《おおやけ》に認められた役得だった。このほかにも、貿易に伴っていろいろな収入があったので、不正行為をしなくても任期が終わる頃には一財産が築けたという。

長崎奉行には、京都町奉行や大坂町奉行から転役するほか、目付から抜擢《ばってき》される者もいた。

首尾良く務めれば、幕府財政を管轄する勘定奉行のほか、江戸の町奉行に昇進することもあった。この二奉行（寺社奉行は大名役）は幕府政治の要をなす役職だから、最高の栄誉だった。

明確な序列制度

長崎奉行に次ぐのは、京都町奉行と大坂町奉行で、この二職は同格とされた。ともに千五百石高で、役料が玄米で六百石（約千七百十四俵）下された。

京都では、朝廷の監察と西国統治の責任者として京都所司代が置かれた。この役職は譜代大名が務めるもので、老中になる前の役職として重いものだった。

京都町奉行も二名体制である。二条城の周囲に東西の二か所の奉行所があり、二条城の所司代役所に詰める京都所司代の指示を受けながら、京都の町の行政・司法・警察の任務に当たった。

なお、朝廷の用を弁ずる役職として禁裏《きんり》附《づき》がある。席次は、京都と大坂の町奉行の次に位置し、千石高だった。持高三千石未満の者は千五百俵の役料が給された。

禁裏附の詰所は、御所の武家玄関にあって、朝廷の要望を受けて御所の作事や物品の調達など万事取りはからった。場合によっては朝廷の女官の人選まで行ったという。

大坂町奉行も、上司に譜代大名である大坂城代がいた。大坂城代は、大坂城の守備に当たる役職で、西国の軍事責任者であった。これも重い役職で、京都所司代を経て、あるいは直接老中に昇進したりする。

大坂城代の下には、一、二万石の譜代大名が任じられる大坂定番があって、大坂城の諸門の警備に当たった。

大坂町奉行も二名で、東西に分かれた二か所の役所に詰めた。全国経済の中心地である大坂の町の行政・司法・警察に当たった。

大坂には全国から物産が入津《にゅうしん》し、また大坂から江戸へ多くの物産が送り出された。そのため、大坂町奉行には、これらの荷物を点検し、密貿易品などの怪しい荷物や武具などが運送されていないか調査する任務もあった。さらに堂島には諸国からの米穀が入り、相場が立っていた。この米相場があまり高値にならないよう、監督するのも大坂町奉行の仕事であった。

以下、遠国奉行には、山田奉行、奈良奉行、駿府町奉行、浦賀奉行、佐渡奉行などがあった。幕末期には、新潟奉行や箱館奉行も置かれた。これら直轄都市の重要性に応じて序列があったことは、興味深い。

江戸時代においては儀式の際、席順を決めるので序列を作る必要があったが、現在、役職によって序列ができ、それに応じて昇進ルートができるというのは、こうした慣行が引き継がれてきていると考えてもよいのではないだろうか。

遠国奉行の地方性

遠国奉行の最上席が長崎奉行というのは、貿易を管轄し、有事の時は九州大名を指揮することになるから、納得できるところである。また、京都には朝廷があり、大坂は全国一の経済都市だったから、京都町奉行、大坂町奉行も高く位置付けられたのである。

これらに続くのは、役高千石、役料千五百俵の山田奉行である。これは伊勢神宮の門前町宇治山田の奉行で、伊勢神宮の内宮・外宮の警衛や二十一年目ごとの遷宮《せんぐう》の造営奉行も担当した。伊勢・志摩両国にある神宮領の代官も兼ねた。また、鳥羽は西国から江戸に航行する船舶が風待ちする港があり、武具や怪しい荷物があればこれを点検した。

これらも骨の折れる仕事だったが、さらに難しかったのは、御三家第二位の和歌山藩(紀州藩)と接していて、常に境争論があったことである。

正徳年中(一七一一〜一六)、山田奉行だった大岡忠相《ただすけ》は、和歌山藩との境争論で、一歩も譲らず境界を吟味して、正しく裁判をした。その直後、和歌山藩主だった徳川吉宗が宗家を継いで八代将軍になったので、左遷を覚悟した。ところが吉宗は、その正当な態度を高く評価し、町奉行に抜擢《ばってき》し、二十年の長きにわたって町奉行を任せたという。

山田奉行の次は、日光奉行である。役高二千石、役料五百俵だった。東照宮・大猷院《だいゆういん》(家光)廟《びょう》などの警護や輪王寺宮《りんのうじのみや》(日光二社一寺を統括する輪王寺の門跡)の御用、日光町や寺領の訴訟などにあたった。

比較的楽な役職だったが、将軍家の聖地の奉行だけに格は高かった。

寺社の支配を任される奈良奉行

日光奉行の次が奈良奉行である。役高千石、役料千五百俵だった。奈良の町だけでなく、奈良にある寺社の支配も任されており、興福寺や春日大社をはじめとする寺社の普請《ふしん》なども行った。幕府領、奈良の町、寺社領の訴訟もすべて奈良奉行の管轄である。

現在でも奈良には鹿が多いが、鹿は神の使いとされ、当時は大変大事にされた。過《あやま》ちであっても鹿を殺せば、人を殺す以上の罪であった。ほとんど行われたことがないようだが、鹿殺しは「石こづめ」といって生き埋めの刑罰が科されることになっていたという。八百屋などは、店先に鹿が来て青物を食べてしまうので、大変難儀をした。また、「奈良の早起き」という習慣があったが、これは自宅の前で鹿が死んでいると大変なことになるので、早く起きて家の前を見る癖がついていたためだという。

次が駿府町奉行である。駿府は城があって警護にあたる駿府城代がいたので、町奉行の職掌だけでよかった。役高千石、役料五百俵であった。

この役職は、諸大夫《しょだいぶ》役でなく、布衣《ほい》役だった。これ以下の遠国奉行は、布衣役で務めることが多かった。

幕府高官の責任逃れのための浦賀奉行の肩書

その次が浦賀奉行で、役高千石、役料ではなく、「役知」が千石だった。「役知」とは、米で支給される役料の代わりに知行でもらうもので、これは与力・同心などの知行や俸禄《ほうろく》にあてられた。

浦賀は、江戸湾への咽喉《のど》にあたり、品川湊《みなと》に入る船は、ことごとく浦賀で船中を点検し、運上を徴収した。

嘉永六（一八五三）年六月三日、アメリカ大統領使節ペリーが四隻《せき》の船を率いて来航した時、浦賀奉行所与力中島三郎助は、他の与力・同心や通詞とともにペリー艦隊の旗艦サスケハナ号に長崎に廻航《かいこう》するよう交渉に赴いた。

ペリー側は、責任ある立場の者としか話をしないとしたので、中島は浦賀副奉行を名乗り、サスケハナ号に乗船して、日本の国法では外国との応接は長崎以外ではできないので、長崎に廻航するよう交渉した。

しかし、中島を応接したコンテ大尉は、決して長崎には行かないと主張した。中島は、奉行に報告するとして船を離れた。

翌朝、中島と同じ与力の香山栄左衛門が、浦賀奉行を名乗り、サスケハナ号に乗船して長崎に廻航するよう交渉した。しかし、ペリーの決意は固く、香山への応接にあたったブキャナン中佐は、もしここで受け取れないなら、江戸湾に入ると脅した。

こうして事態は江戸に報告され、幕府は久里浜で大統領国書を受け取ることになったのである。

責任ある者を傷付けないためか、奉行は交渉に直接あたらず、与力に奉行と僭称《せんしょう》させていることが興味深い。

ちなみに国書を受け取る時も、浦賀奉行戸田氏栄《うじよし》が「ファースト・カンセラー・オブ・エンパイア（帝国最高顧問）」を名乗って行い、江戸の老中らは決して交渉の最前線に立とうとしなかった。

最初に中島が浦賀副奉行を名乗ったのは交渉にあたるための方便だったが、その後は幕府高官の責任逃れであった。上司を守るために部下が交渉の矢面に立つのは、現在でもまま見られることである。

末席の遠国奉行

遠国奉行の末席は、天保十四（一八四三）年、新潟奉行ができるまでは佐渡奉行だった。佐渡は、相川金山があるため、勘定所系の幕臣が抜擢《ばってき》されることが多かった。その意味では、両番（書院番・小姓組番）筋のエリート旗本が目付を経て昇進することが多い他の遠国奉行とは、少し性格が違う。

佐渡奉行の役高は千石、役料は千五百俵と百人扶持《ぶち》である。諸大夫役ではなく、布衣役だった。

主たる任務は、島内十三万石の民政と金山の経営である。奉行は頻繁に交代するから、奉行所には現地採用の下級幕臣である「地役人」がおり、実務を担《にな》っていた。奉行は、それら地役人を指揮・監督し、金山から採れる金を江戸に送る。直属の上司は老中であるが、役目柄、勘定奉行の指揮も受けた。

このほか、寛政期（一七八九～一八〇一）以降は、日本海を航行する船の監視も任務に加わった。江戸時代中期以降、蝦夷《えぞ》地と大坂を結ぶ北前船と呼ばれる回船が、飛躍的に増加していた。現在では想像しがたいが、日本海海運は、江戸時代経済の大動脈だったのである。

奉行の評判を生むのは上司の力

金を掘る鉱夫には、地元の者もいたが、罪を犯して佐渡に流された者も多く働いていた。腕に入れ墨をされた島帰りの前科者は、時代劇などでおなじみであろう。こうした者たちをよく監督する力量も必要だった。当然、佐渡で起こる事件の捜査や裁判も、奉行の役目である。

第十五代将軍徳川慶喜《よしのぶ》に小姓として仕えた村山鎮《まもる》は、「大奥秘記」（柴田宵曲編『幕末の武家』所収、青蛙房）の中で、興味深いことを書いている。

「それで妙なことには、人物でよき奉行だと、金がたくさん産出したが、評判の悪い奉行のときは、いかにも産額が少なかったそうです。それはいやな奉行だと、鉱夫までが働かなかったからだそうです」

現在のプロ野球の世界でも、監督に人気がないと選手が働かず、なかなかよい成績が残せないということを耳にする。これはあらゆる組織に言えることだが、上司は部下をやる気にさせる必要があり、下の者への思いやりに欠けていたり、自分の業績を上げることだけに専心する上司では、部下が付いてこないのである。

奉行の偉大な権威

布衣役とはいえ、遠国奉行の格式は大名並みだった。天保十一（一八四〇）年六月八日、佐渡奉行を拝命した川路聖謨は、『島根のすさみ』（平凡社）と名付けた在勤日記を付けている。

七月十一日、江戸を発《た》ち、同月二十四日に相川に到着するが、その行列は「たて道具二本鑓《やり》にて、長刀《なぎなた》・鉄砲をも持たせ、諸侯にもかかわらざる供立」だった。「たて道具」というのは行列の象徴となる武具のことで、二本の鑓を奉行の乗る駕籠《かご》の前に立てた。それに長刀が加わって三本の道具を立てるのは、十万石の大名並みの行列だった。

支配勘定という御目見得以下の、最下層の幕臣出身の自分が、こうした晴れがましい行列を立てることができるのも、みな上様のおかげだと、聖謨は思わず落涙する。そのとき詠《よ》んだ歌は、『島根のすさみ』に書き留められている。

かしこしな　身たけにあまる恵《めぐみ》ぞと　旅の衣《ころも》の　たもと露けき

（ありがたいことである。自分の身分にあまる上様の恵みであると、旅の衣の袂《たもと》は涙で濡《ぬ》れている）

任地においても奉行の権威は大変なもので、年頭の神社への拝礼のために奉行所の門を出たところ、見物人が山のようにいて、子供たちが行列の後を付いてきたという。娯楽の少ない島の生活で、こうしたイベントは十分見物の価値があったのだろう。

地役人が一目置く、中央から派遣された奉行

見物と言えば、聖譲が罪人に死罪を命じたときは、処刑場に多くの見物人が集まったという。処刑を公開するのは、見せしめにすることで罪を犯させないためであったが、これも単なる見世物となっていたのである。

聖譲がおもしろかったこととして挙げているのは、僧侶《そうりょ》の行動である。当時、佐渡の寺院は「厄介《やっかい》の女」を置いていた。これは僧侶の身の回りの世話をするための女性であるが、実質的には妾《めかけ》のような存在だった。ところが、聖譲が佐渡奉行に任命されると、相川辺の寺院は、みなこの女たちを寺から出し、町中に店を持たせたという。

聖譲は、寺社の腐敗を摘発し、女犯《にょぼん》の僧侶に厳罰を与えた寺社奉行脇坂安董《わきさかやすただ》に引き上げられたという経歴を持ち、能吏として聞こえていたので、「今度の奉行は厳敷《きびし》く悪党もの召捕《めしとり》に成るよし」を聞き、あわてて身の回りをきれいにしたのである。

こうした評判も、奉行職を務める上ではずいぶん現実的な力となる。地役人たちも、吸い口を銀で張ったきせるを使っていたが、聖譲の家来を見ると、そのきせるを懐中に隠したという。佐渡ではふんぞりかえっていた地役人であるが、中央から派遣された厳しいと

評判の奉行の前では、行動を慎んだのである。

第四章

江戸城内の組織人

老中の経費

何かと物入りの多い役職

昇進すると、交際費や部下への体面で物入りが増え、かえって経済的に苦しくなることがある。

江戸時代では、職務にかかわる経費も自分持ちだったから、なおさらその傾向が強い。職務がそもそも主君への奉公だという発想だから、職務遂行は与えられた知行で行う必要があったのである。

もっとも、旗本の場合は、物入りの多い役職だと役料が支給され、小身《しょうしん》の旗本が高い役職に就くと、その役職の基準高と、家禄《かろく》との差額が支給された。八代将軍吉宗の定めたこの制度を「足高《たしだか》の制」という。

大名は、もともと一万石以上の知行を与えられているから、原則として、役職にかかわる経費は自分持ちである。現在の総理大臣にあたる老中の場合、三万石以上の譜代大名が任命されたから、当然、その経費は藩の収入から捻出《ねんしゅつ》することになる。

天明七（一七八七）年六月、陸奥《むつ》国白河藩主松平定信が、田沼意次《おきつぐ》失脚の後を受けて老中首座となった。いきなり老中の筆頭になったのは、彼が吉宗の孫であるという血筋による。

定信の家臣水野為長という者が、幕政や世情について見聞したことを書き留めた『よしの冊子』には、次のようなことが書かれている。

「越中様（定信）は御老中にお成りになりましたが、賄賂《わいろ》を御取りにならないので、月々の物入りが多く、六月十九日より八月晦日《みそか》までの間で、御普請《ふしん》関係の出費は除いて、金二千三百三十二両ほどの臨時の出費がありました」

白河藩の知行高は十一万石である。

藩士への知行に五万石分を支給していたとしたら、残りの直轄《ちょっかつ》領六万石の年貢は、六公四民として三万六千石、金にしてほぼ三万六千両に相当する。

一方、二か月と十日で、金二千三百三十二両使うとしたら、年間では一万二千両ほどとなる。つまり、藩財政の三分の一以上が、老中になったことに伴う経費で消えるわけである。

老中というのは、とてつもなくお金がかかる役職だったことが分かる。

勘定奉行に不正の疑いをかけられるほどの出費

この状況は、白河藩の江戸勘定奉行から国元の勘定奉行に知らされた。

国元の勘定奉行は肝をつぶすほど驚き、次のように考えた。

御老中仰《おお》せ付けられ候へバ、何と申し候てもちとハ御金も入り申すべく候《そうら》。此様《このよう》ニ御物入御座候《ござそうろう》ハ不審千万、是《これ》ハ定《さだめ》て公辺《こうへん》向ニ懸り候役人之私欲有るべし。

――御老中を拝命したのならば、何と言っても少しは御金も入るだろう。このように御物入があるのは不審千万、これはおそらく幕府関係の仕事にあたる役人の横領があるに違いない。

報告を受けた首席国家老の吉村又右衛門を始め、家老や諸役人が城に寄り合って相談し、不審の趣意を訴状にして定信に提出した。

定信は、藩の役人が疑うのももっともだと、九月上旬に郡代を江戸に呼び寄せ、十二月中旬まで江戸に務めさせた。郡代は勘定奉行配下の役人である。

【幕府の中枢組織】

- **老中**（幕府の最高職。政務を統括）
  - **大目付**（大名、旗本、老中以下の諸役人の監察）
  - **町奉行**（江戸市中の行政、司法）
  - **勘定奉行**（幕府財政と幕僚の訴訟）
  - **勘定吟味役**（勘定所諸役の監察）
  - **作事奉行**（江戸城中等の建築）
  - **普請奉行**（江戸城中等の土木工事）
  - **遠国奉行**（重要な幕府直轄領の行政、司法）
- **若年寄**（老中の補佐。旗本、御家人の統括）
  - **目付**（諸役人、旗本、御家人の監察）
- **京都所司代**（京都の警衛、監察。西国大名の監察）
- **大坂城代**（大坂城の守衛。西国大名の監察）
- **寺社奉行**（全国の寺社の統制。奏者番からの兼務）
- **奏者番**（大名、旗本の将軍謁見を司る）

※表中、上段は大名役。下段の旗本役のうち、勘定吟味役と目付は布衣、他は諸大夫役。

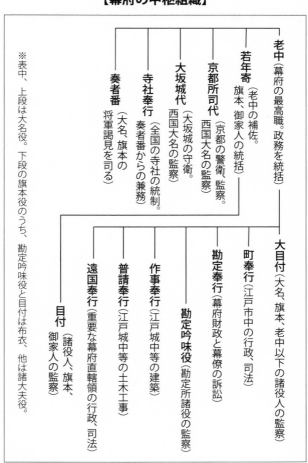

すると、幕府関係の仕事にあたる役人にも、勘定方の役人にも不正私曲がないにもかかわらず、出費が多いことが郡代にも納得できた。

日々の登城、将軍の名代としての役務、そのほか何につけてもお金がいり、さらに定信登城前には屋敷に大勢の客が来て、その応接にもお金がかかる。

定信は、老中の職務の実態を郡代に見せ、国家老の吉村らの疑いを晴らそうとしたのだった。

このように、老中を務めるには、並大抵の大名では藩庫が空になるほど大変だったのである。

必要経費を賄賂で賄《まかな》うという問題

老中の職がこうした不合理なものであっても、それまで長年の間、同じようにして譜代大名が務めてきた。それは、吉村らも考えたように、「少しは御金も入る」ことがあったからだろう。

実際、積極的に賄賂を取らなくても、諸大名からの進物などはかなりの額になったと想像される。

田沼意次などは、諸大名が自分に賄賂を出すのは、将軍への敬意を示すものだと、当然のように受け取ったので、老中を務めるうちにかえって裕福になった。

しかし、定信のように政治的理想に燃え、一切賄賂を取らないということで、それに近い進物も断るということになれば、在任期間が長くなるほど、藩財政は窮乏していくことになるだろう。

賄賂を取るのも、その老中が私腹を肥やすためとばかりは言えず、老中の職務を遂行するための経費を捻出する手段である場合もあった。

こうしたことは、個人的な倫理だけで解決することではなく、本来、政治のシステムから考え直す必要があったのである。

陰の老中、奥右筆《おくゆうひつ》組頭

老中の決断を左右することもある奥右筆

幕府の主権者は、言うまでもなく将軍である。いくら時の大老や老中に実権があろうと、幕府の最終決定は将軍が行う。しかし、実際には、老中の上申した意見通りに命じられることが多かった。

そして、幕府の決定となるその老中の意見も、老中その人の決断ではあるが、老中の公設秘書ともいうべき奥右筆の考えが反映されていた。老中の決断を左右することもある奥右筆とはどういう役職だったのだろうか。

幕末期の右筆所には組頭が四人いて、その下に表右筆と奥右筆の筆頭がいた。右筆所の定員は、時期によって異なるが、表右筆が二十八人、奥右筆が天明元（一七八一）年に十八人（ほかに組頭二人）だったとされる。二百俵高の職で、格式は大番の次だった。

大番は、旗本軍事組織の中核部隊だから、その次ということは比較的高く位置付けられているといえる。

表右筆は幕府の公務日誌をつけたり、将軍が発給する文書の執筆を行い、奥右筆は老中奉書や老中書付などの文書の執筆を行った。これが本来の仕事であるが、老中の仕事をする奥右筆は幕政の機密にかかわることが多かった。

幕府の機密にかかわる役割

幕末に奥右筆を務めた河田熙《ひろむ》によると、幕政は次のような経過を経て決定したという。例えば、外国奉行からの建白が老中にあったとする。すると、老中は、それを右筆の組頭に渡す。組頭は、外国掛の奥右筆に渡す。担当となった奥右筆は、例えば予算のことなら勘定奉行へ、修繕のことなら作事奉行・普請《ふしん》奉行へ下げ渡す。

建白を下げ渡された部局では、評議を行い、その結果を目付に提出する。目付は目付中で評議を行い、それを認めるかどうかを検討する。その結果が再び奥右筆のもとへ帰ってくる。

奥右筆はその結果を見て、どこの部局の評議がよいとか悪いとかいう意見を組頭に提出する。その意見に対し、組頭が異論を差し挟むこともあるが、通常は部下の意見がそのまま採用される。

そのため、直接担当した奥右筆の考えが「老中の腹」になった。つまり、奥右筆の意見が老中の決定に大きな役割を果たしていたというのである。

こうした影響力を持つ奥右筆だったから、大名は奥右筆に「頼み（御用頼《ごようだのみ》）」を依頼していた。

「頼み」とは、大名から幕府へ嘆願する時や何か幕府の決定がある時に、自藩に不利にならないようあらかじめ出入り関係を結んでおくことである。組頭ともなると、ずいぶん多くの大名家からの「頼み」を受けていた。

平の奥右筆でも、五、六番目の席次までの者は「頼み」の大名を幾人も持っていたという。

大変な修行・繁忙な業務・秀逸な記憶力

これほどの利権と隠れた権力を持つ奥右筆だが、その反面、大変繁忙な職だった。また、一人前になるには、ずいぶん修行を積まなければならなかった。先に紹介した河田は、次のように証言している。

「表御右筆の中から少年で奥御右筆に這入《はい》りますときは、見習というので這入ります。故老の人が調べるのを傍で見ていて手伝い位のものです。……たいてい三十日位は寝られぬそうです。それを敲《たた》き上げんければ、右筆の勤めはできぬのです」

一人前になっても、奥右筆は大変だった。

「何事についても、例を三つずつ採らんければならぬのですから、帳面を繰《く》ることができなければいかぬので、記憶がよくなければいかず、すべて杓子定木《しゃくしじょうぎ》（定規）になるのです。例のない事は一つも言わぬというのですから……大きな葛籠《つづら》に充塞《いっぱい》になっている帳面を夜中《よじゅう》調べることなどが多いので、儀式の御次第書なども御右筆が調べるのです。五節句その他の時に、大名の格式で、何某はどこに坐《すわ》るということを調べます。それを御目付に渡して進退するというようなことです。それまでに調べるのはなかなか面倒なものです」

法令を出すにあたって、あるいは裁判の判決についてや江戸城で行われる数々の儀式など、様々な件での先例調査は、すべて老中の指示を受けて奥右筆が行っていたのである。

儀式の場でも、だれがどこに座るかなどを指示するのは目付だが、それまでの日記などの帳面を繰って先例を調査して伝えていたのは奥右筆だった。現在で言えば、霞が関の官僚たちが行っていることをわずか二十人ばかりの人数で行わなければならなかったのである。

それでも儀式なら、前回、前々回というように例をみていけばよいが、判決の先例などはいつあったかも分からない。しかし、「こういう例は、どの時分に、帳面のどこにあったとかいうことを、暗記をしている人」がいたという。江戸幕府の専門家集団の能力は侮《あなど》れない。

小姓《こしょう》の仕事と昇進

将軍の身辺で様々な雑用をこなす小姓

奥向きの役と言えば、将軍がふだん暮らす中奥に勤める者たちを指す。中奥は、単に「奥」ともいう。

奥向きの役で有名なものは、小姓であろう。小姓は、将軍の身辺にあり、様々な雑用をこなす。

将軍が「何々を出してこい」と命じると、小姓が将軍の物品を管理する小納戸《こなんど》に出してもらい、持っていった。

小姓は、十七世紀には大名の次男、三男などが召し出されたが、その後は旗本から登用された。ただし、すぐに小姓になるのではなく、いったん小納戸になってから小姓になった。

小姓になるのは、中奥勤務の役人や番頭クラスの子で、親子ともども小姓を勤めている者もいた。いわば家柄がよく、親が顕職を勤めていなければなれる役ではなかった。

小姓の人数は、「吏徴」という幕府役職を解説した史料によると二十八人で、別に小姓頭取が三人置かれたとある。しかし、定員はなく、時期によって人数に変動があった。将軍の身辺の世話をする小姓は、「奥小姓」とも呼ばれる。

小姓は五百石高の役であり、千石以下の家禄《かろく》の者には役料として三百俵が下賜《かし》された。諸大夫役《しょだいぶ》（従五位下の官位に叙任）であるが、諸大夫役にならない者もいた。

小姓頭取は、御側御用取次《おそばごようとりつぎ》や側衆の嫡子《ちゃくし》、あるいは将軍の推挙によって任じられる（『明良帯録』）。ただし、これは小姓の支配役ではなく、ただ小姓のうち上位の者を任じただけのものだった。

宿直や不寝番もし、将軍の学問の相手もする小姓

小姓の勤めは朝四つ半（午前十一時）交代である。当番の者は、午前十一時前に登城し、その日は宿直し、翌日の午前十一時に帰宅した。宿直は、不寝番の者もいれば夜具を持ち込んで寝る者もいる。ただし、寝ていても、何かあったらすぐに起きなければならない。

【将軍の側近組織】

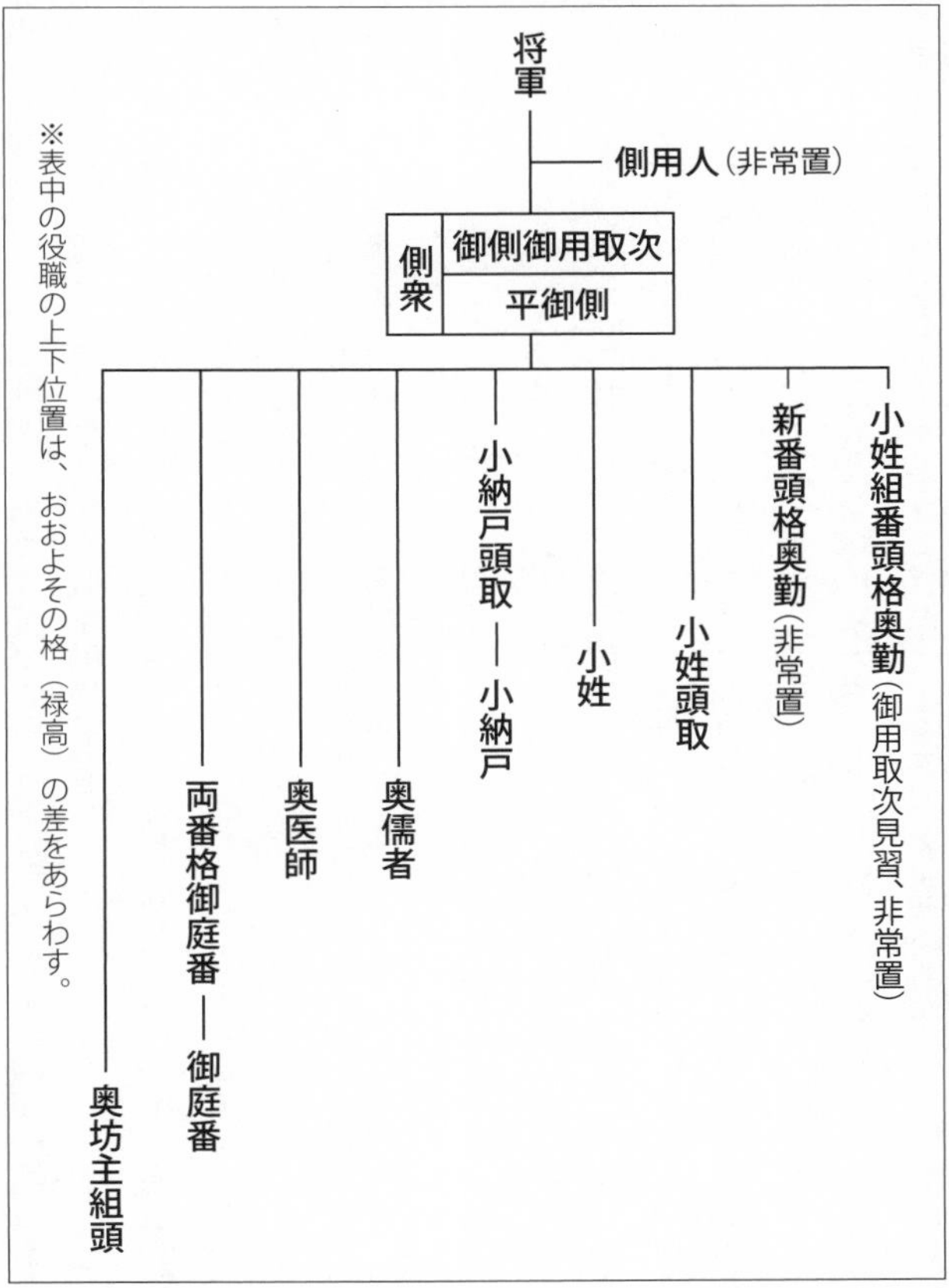
将軍
側用人（非常置）
側衆
御側御用取次
平御側
小姓組番頭格奥勤（御用取次見習、非常置）
新番頭格奥勤（非常置）
小姓頭取
小姓
小納戸頭取
小納戸
奥儒者
奥医師
両番格御庭番
御庭番
奥坊主組頭
※表中の役職の上下位置は、おおよその格（禄高）の差をあらわす。

将軍の学問の相手は、小姓が勤める。奥儒者が将軍に講義する日は、小姓も本を開いて一緒に聴講した。剣術の稽古《けいこ》なども、小姓がお相手をした。

将軍が暇な時は、囲碁や将棋の相手などもした。将軍が若い頃は、閨《ねや》の相手を務めることもあった。大奥には、格式ばっていて、うるさい御年寄などもいるので、将軍にとっては中奥で過ごす方が気楽だという面もあった。

最高クラスの役職に登り詰めることもある出世コース

明治になって歴史学者から小姓の仕事などを尋ねられた坪内定益と松浦信寔は、小姓について次のように述べている。

「表の方で諸大夫になるのは、よほど骨を折らなければ諸大夫になれません。小姓の方は大した文学（学習のこと）も入《い》らず、ただ年を経れば自然に諸大夫になるというように、つまり、株みたようなものでありました。その力に依《よ》って表役でも何にでも成れました。（中略）このくらい役に立つから目付にしようとか何とかいうので、御目付などに出ることになります。故《ゆえ》に御小姓に這入《はい》ったら、一生涯小姓で朽ち果てるというわけではないのであります。どうしても出世が早うございます」（『旧事諮問録』）

小姓になると、たえず将軍の身辺にあったから、失敗さえしなければ前途は開けていたのである。

目付は、旗本垂涎《すいぜん》の役職で、目がまわるほど忙しいが、首尾よく勤めると遠国奉行に昇進し、勘定奉行、町奉行といった顕職にまで登り詰めることができた。

また小姓頭取を長く務めると、小姓組番頭格になる。これは単なる格式だが、この位置からは、御側御用取次に昇進する者も出る。この役は、将軍と老中の間に立って両者の意思疎通を行う旗本の最高職で、加増されて大名になることもある。

ただし、一生、小姓のままで役替えのない者もいないではなかった。それが、将軍から気に入られたからなのか、本人の無能のせいなのかはよく分からない。

夜、暇な時は、将軍は、小姓たちと雑談することもあった。下々のことについて下問されることもあり、時によると返答に困るようなこともあったという。殿中の役人の噂《うわさ》などは、小姓たちの親類などに関係することも多いので、将軍の方でできるだけ触れないようにした。

小姓から御側御用取次に昇進した竹本要斎という者の回顧によると、「公方様は存外に人の思うよりは多忙なもの」であって、小姓同士の間でも冗談で「私は公方様になりたくない」などと言っていたくらいだったという（『旧事諮問録』）。こういう言葉を聞いていると、小姓勤めは、わりと気楽なものだったようである。

将軍の側に仕える役職

将軍の日常の世話をする小納戸《こなんど》

将軍の側に仕える役職で、小姓とならぶのは小納戸である。小納戸は、将軍日常の身辺の物品を取り扱う役で、将軍の結髪なども小姓とともに行った。

重要なのは、将軍の食膳《しょくぜん》の管理である。御賄《おまかない》から調理された膳が運ばれてくると、御膳奉行立ち会いのもとで御膳番が毒味したとされる。これは「幕朝故事談」(『温知叢書《そうしょ》』所収)という史料によるものだが、御膳奉行は「東照宮御実紀附録十四」(『古事類苑』所収)では、「おにとり役とは今の世の御膳奉行の事なり」とあり、毒味をしたのは御膳奉行で、御膳番の方が立ち会ったものと考えられる。

というのは、「御膳番」は小納戸が務め、小納戸頭取に次ぐ役職だとされているからである。毒味役は、本来それほど格の高い役ではなく、小納戸の上位の者が務めるのは不自然で、むしろ二百俵高の下級役人、御膳奉行の方がふさわしいからである。

さて、毒味が済んだ膳は、「御膳立」の小納戸が取りそろえて将軍に上げる。給仕は小姓の役目なので、小納戸は御次の間に控えている。ただし、将軍が病気の時は、御膳番が盛り、食後、何をどれだけ召し上がったかを秤《はかり》にかけて記録する。

百十人もいた小納戸の待遇

小納戸には小姓同様に不寝番もあり、将軍が何か持ってこいと言えば、小納戸が出し、小姓が渡す。

小納戸は百十人もいたと言われる。多いようだが、将軍の持ち物も多い。江戸城中奥にある多くの部屋には、それぞれに調度がある。また、床には掛け軸が掛けられ、床や違い棚に飾る花瓶などの置物がある。これらのものは一つだけではなく、しばしば掛け替えたり置き換えたりする。こうした仕事はすべて小納戸が行うのである。

小納戸は、若年寄支配で役高は五百石。家禄千石以下の者には役料三百俵が給された。役高五百石といえばたいしたもので、しかも布衣《ほい》役だった。やはり、奥向きの役人（中奥に勤める役人）の方が、表の役人よりはるかに待遇がよかったのである。

小納戸と小姓では小姓の方が格上だが、小納戸の責任者である小納戸頭取は小姓頭取より上席だった。

小納戸頭取は役高千五百石で、幕府役職の解説書である「青標紙」によると、「大いに威権ありて、勤方千五百石下され、就中《なかんずく》御場掛りは、別段権を握れる事也《なり》」とされる。「御場掛り」は、将軍の御手元金の管理責任者であろう。これは、奥向きの役職でありながら、莫大な予算を任され、表とも関係の深い部署だったからである。

ここから表の役職に昇進する者も多い。遠山の金さんこと遠山景元《かげもと》は、小納戸から西丸小納戸頭取格となり、それより表に転じて小普請《こぶしん》奉行になり、作事奉行、勘定奉行を経て北町奉行というように出世街道を突き進んでいる。

小納戸など奥向きの役職の採用試験

さて、小納戸などの奥向きの役職に登用されるためには、どうすればよいのだろうか。

小納戸には、両番、大番、新番などの番士、部屋住の者、役職を務めている者の嫡子《ちゃくし》、無役の旗本である小普請などから、将軍の側に仕えるにふさわしいと思われる者が候補者として選抜された。

まず、これらの者から上司が推薦したり、部屋住で奥勤めを希望する者は、姓名を書いた短冊を提出する。

これら自薦・他薦の者を、奥の最高官である御側御用取次と旗本支配にあたる若年寄から出る採用担当者が面接する。

面接の日取りは、係の目付から知らせる。面接は一度だけではなく、最初の面接から二、三か月経《た》ってまたある。こうした面接を繰り返して候補者を絞り、最後に江戸城の吹上御庭で「透見《すきみ》」がある。

「透見」とは、将軍が面接しているところを覗《のぞ》き見る最終面接である。面接している部屋の襖《ふすま》を少し開け、わずか四、五間（七～九メートル）を隔てたところから人物を見たという。

この時、「誰々の倅《せがれ》は、よくよく父にその儘《まま》なり」という言葉などもあったらしい。

こうした厳重な選考を経て、小納戸が選ばれるのだが、やはり奥の役人から推薦された者が選ばれることが多かった。そのため、代々小姓や小納戸を務める家もあった。

小納戸に採用されると、最初の登城の日、「銘々得手たる処の芸術（得意な芸術）」を将軍に披露した。「芸術」とは、ふつう武芸を指すが、ここで言うのは書画などのことらしい。

なお、小納戸頭取と似た名前の役職に納戸頭がある。納戸頭の方は表の役職で、焼火之《たきび》間席である。役高は七百石、布衣役で、もと元方（物品を購入する役）と払方（代金を支払う役）に分かれていたが、寛政四（一七九二）年に統合された。この役は、将軍の衣服や調度を管理する役である。大名に下賜《かし》する衣服や金銀も管理した。部下に組頭数人、組衆数十人がいた。組衆は二百俵高で、同心が数十人いた。実入りのいい役だったが、幕政上権力を握るということはなかった。

旗本のエリート、目付の職掌

成績優秀な報告・監視役

目付は、「軍監」とも言い、主君からそれぞれの備《そなえ》（部隊）へ遣わされ、その戦いぶりを見て報告する役目である。平時においては、諸侍の行動を監視する。「横目」など名称は変わるが、どこの藩にも設けられている。

江戸幕府の目付は、旗本の内、特に優秀な者が抜擢《ばってき》され、目付を務めた後は遠国奉行などに昇進していく。

目付は、役高千石で、席次は先手頭《さきてがしら》に次ぎ、布衣《ほい》の格であった。両番（書院番・小姓組番）から徒頭《かちがしら》・小十人頭・使番に進み、その中から将来有望な者を選んで登用する。また、将軍に近侍する小姓や小納戸《こなんど》から推薦される者もいる。おおむね大番家筋の旗本で、江戸時代末期には昌平坂学問所の試験を優秀な成績で及第するのが目付への近道となった。

目付に登用されると、江戸城柳之間で誓詞に血判を押して提出する。勤役中は、親戚《しんせき》・同僚の外にはみだりに会合したりすることは禁止され、子女に三弦を弄《もてあそ》ばせたりすることも無用とされた。ただし、琴はかまわなかった。

目付は、毎日登城する。登城の時は、大手の正門から玄関まで、四角に歩く。決して斜めに歩いてはならず、脇目《わきめ》も振れない。

玄関に至ると、帯刀のまま式台に上がる。この時、当番の徒目付組頭《かちめつけ》と加番の徒目付が左右に列して迎え、別状がないことを報告する。

機密を扱う目付の職務

それより詰所である「目付部屋」に向かうが、書院番士の勤番所があった紅葉之間の入り口では咳払《せきばら》いをする。

紅葉之間の監察も目付の役目だから、咳払いをせず中を覗《のぞ》き、当番の書院番士が居眠りなどをしていたら報告しなければならない。そうなると、その番士は差し控えなどを命じられるであろう。

こうした事態を避けるため、目付は、各所で咳払いをし、自分の存在を事前に知らせ、できるだけ処分を受ける者がないようにしたのである。

目付部屋に着くと、入り口の所で刀を脱し、中へ入る。同僚に一礼した後、前日の当番と交代して「本番席」に着座する。

ここに着座すると、それ以後、殿中は言うに及ばず、城外のことも、すべてこの当番目付の担当となる。

目付部屋のことを「茶部屋」とも呼んだ。これは、かつてこの部屋には、茶呑《ちゃの》み所が設けられていて、数寄屋坊主《すきやぼうず》（茶を扱う坊主）が数人出勤して目付にお茶を給仕したからである。

これは、一日中、殿中を走り回っている目付が、部屋に戻った時にくつろぐためだったという。

ただし、機密を扱うのが目付の職掌なので、数寄屋坊主が出入りしていると、情報が漏《ろう》洩《えい》する危険があるということで、茶呑み所は廃止された。しかし、部屋から呼べば、すぐに数寄屋坊主が薄茶を給仕したという。こうした優遇は、目付に限ったことだった。

また、当番の目付に限って、目付部屋の下部屋に設けられていた風呂《ふろ》に毎朝入ることが許されていた。これは、いつ将軍から召されるか分からず、身を清潔にする必要があったからである。目付の衣服は、華美にならないよう、黒紋付に限り、縞柄《しまがら》は用いられなかった。

目付の気働き

目付は、平日の任務分担として、座敷番、供番、評定番、名代番、学問所及び医学館見廻、米蔵及び囚獄見廻、勘定奉行役宅立合、諸普請出来栄見聞《できばえけんぶん》などがあった。十九世紀には、海防掛、開港掛、外国人応接立合などの任務も加わったが、これは将軍から人を指定して下命された。

座敷番は、江戸城で行われる年始、八朔などの儀式の時の実務の責任者である。

供番は、江戸城内の紅葉山や上野寛永寺、芝増上寺などの歴代将軍の霊廟《れいびょう》に将軍が参詣《さんけい》する時、随行する役目である。供の行列や通過する道筋に不都合なことのないようにするのが役目である。

慶応年間（一八六五〜六八）の始め、将軍が寛永寺に廟参するため下谷を通行した時、ある大名家の門前に箒《ほうき》が一本取り残されていた。これを見とがめた老中は、目付に、

「途中でこのような不敬の事があった。以《もっ》ての外のことで、早くかの屋敷を譴責《けんせき》せよ。そ

の方は気づかなかったのか」

と命じた。

すると、その目付は次のように答えた。「そのような事があれば、私が気づかないはずがありません。私はまったく見ませんでした。それは何か見間違ったのでしょう」

その老中は大変立腹し、自分が聢《しか》と見たからこう言っているのだと目付を叱責《しっせき》した。しかし、あくまで目付はその「不敬の事」はなかったと主張し、老中も折れることとなった。

これは、その大名を譴責しないため、見なかったことにしたものだろう。そうしないと、幕末の不安定な時期に、無駄に大名家を譴責して刺激することになるからである。こうした裏技が使えるのも目付が幕府の慣行に通じていたからである。

老中も折れる目付の威厳

目付が老中をやりこめた事例をもう一例あげよう。

安政（一八五四〜六〇）の頃、万事倹約するようにという指示が出て、重陽《ちょうよう》の節句（九月九日）には大名は花色小袖《こそで》を着用するしきたりだったが、花色と限ると倹約令の趣旨に合わないとして、黒小袖着用苦しからず、という指示があった。

節句の日、登城した老中は、阿部正弘を初めとして、みな花色小袖を着ていた。

これを見て、目付一同は老中に意見をした。

「これはもってのほかのことです。先日、花色小袖着用に及ばずと令しておきながら、執政（老中のこと）中がみなこの有様では、これから誰が法令を遵守《じゅんしゅ》するでしょうか。早くお着替えになるべきです」

老中たちは当惑し、

「これは、その家々の例格（先例としての格式）もあることなので……」

などと言い訳していると、目付たちは、

「然《しか》らば、某《それがし》らはお役柄に対し、決心するところあるべし」

と迫った。

つまり、幕臣の監察にあたる役柄上、見逃せないことは将軍に直接言上すると脅したのである。左遷《させん》覚悟であったかもしれないが、目付はそうした権限を持っていたのである。

これには老中も折れざるを得ず、その中の一人だけが黒小袖に着替えて、その場は済んだという。目付が断固とした姿勢を示せば、老中でさえそれに従っていたのである。

雨の中、四角に歩く作法を遵守《じゅんしゅ》する目付

しかし、目付といえども人間なので、おもしろい話はある。

岡部長常（駿河守《するがのかみ》）という者が本番登城の時、江戸城内の百人番所の辺りで急に雨が降ってきた。あいにく傘を用意していなかったので、主従は濡《ぬ》れながら、いつもの通り四角に歩き、部屋に入った。百人番所は、現在、皇居東御苑の中に残っているが、本丸玄関にたどり着くまでにはずいぶん距離がある。それにもかかわらず、斜めに歩いて近道をせず、駆け足もしなかったのである。

部屋に入って同僚の目付に挨拶《あいさつ》が終わった後、その場にいた岩瀬忠震《ただなり》（幕末の海防掛目付として有名）が言った。

「さきほど、駿河殿の本番登城を側《かたわ》らより見ていましたが、雨に濡れながらゆうゆうと突き袖をして四角に歩くさま、心の中ではどのように思っているのだろうかと想像せられて、実に笑いを抑えることができなかった」

これを聞いたその場の目付たちは、みな大笑いとなったという。作法により雨の中でも四角に歩いたが、心中では走って入り口まで行きたいと思ったに違いないのである。

大晦日《おおみそか》の年に一度のささやかな息抜き

目付には、息抜きの暇がなかった。ただ、大晦日だけは違った。

毎年大晦日には、普段は納戸口《なんどぐち》から退出する老中・若年寄が、本丸御殿の玄関から退出した。大目付と目付一同は、彼らを玄関にほど近い虎之間の敷居際《しきいぎわ》まで送った。

その後、目付一同は大広間に行くのだが、年若の目付たちは、大広間までの長い廊下を走って競争し、だれが一番かを競って笑い興じた。

さらに黒書院では、坊主衆があらかじめ草履《ぞうり》を用意してあり、目付たちはこの草履を履いて庭に降り、庭の木の苗や石を拾ったりして遊び、その後部屋に戻って退出するのを慣例とした。

これは古くからあるしきたりで、なぜこのようにするのかは分からないという。一説には、翌日正月元旦の儀式のため、城の隅々まで検分したものが、このような子供っぽい遊びになったとも言うが、年に一度ぐらいはこうした息抜きがあってもよいということで、年々受け継がれたのであろう。

普段は咳払いをしながら謹厳に歩く目付が、上司である老中らが退出した後、廊下で駆けっこをしていたと思うとほほえましい。

駆けっことといえば、大名の登城でも競争が行われた。これは大名が走るのではなく、大名の駕籠《かご》をかつぐ駕籠かきが、他家の駕籠かきと競争するのである。

あまり走り方が激しすぎて、駕籠の中の殿様が、外に放り出されることもあった。しかし、これも諸大名家の慣例になっていたため、咎《とが》められることはなかったという（氏家幹人『殿様と鼠小僧』）。権力の象徴である江戸城であるが、城内やその周辺で、現在からでは想像もできないような遊びがあったのである。

将軍の目や耳になった御庭番

将軍の指示を受ける監察組織「御庭番」

江戸幕府の公式な監察制度は、目付とその配下の徒目付《かち》、小人目付《こびと》がよく知られているが、もう一つの組織があった。それが「御庭番」である。目付が老中の指示を受けて動くのに対し、御庭番は将軍の指示を受けて動いた。

御庭番は、紀州藩の「薬込役《くすりこめやく》」が前身である。「薬」とは火薬のことで、八代将軍吉宗が紀州藩主時代、自分が使う鉄炮《てつぽう》に火薬を詰めさせる係が薬込役だった。吉宗は、将軍となると、薬込役と馬口之者十七名を連れてきて、幕臣に編入した。彼らはみな低い身分の者である。彼らの子孫家が、幕府の「御庭番家筋」となる。

御庭番は、表向きは、大奥の財政を管理し御台様の買い物などをする御広敷用人《おひろしき》の配下に位置づけられた。その意味では御広敷の役人であるが、江戸城中奥で、将軍や将軍の側近である御側御用取次《おそばごようとりつぎ》から直接命令を受けた。

御庭番は世襲だが、隠密御用は御庭番の中でも経験を積んだ者が命じられた。将軍の居間である「御休息の間」に面した庭に、御駕籠台《かご》というものがある。将軍は外へ出る時、ここで駕籠に乗るのだが、そこに御庭番が出頭し、将軍から直接「隠密御用」を命じられた。また、江戸城中奥の廊下に面した庭に出没し、御側御用取次に報告したり、命令を受けたりした。

秘密裏に不正を調査する内偵でもあった

「隠密御用」とは、内偵のことで、主に幕府諸役人が不正をしていないかどうかを調査した。時には地方に派遣され、諸大名の政治の在り方や評判などを調査することもあった(深井雅海『江戸城御庭番』中公新書)。

天明七(一七八七)年五月、江戸で大規模な打ちこわしがあった。米価高騰《こうとう》に憤激した江戸の下層民が、売り惜しみをする米穀商などの屋敷を破壊してまわった大事件である。この民衆の蜂起《ほうき》によって、幕政の中心から田沼意次《おきつぐ》派が一掃され、白河藩主で吉宗の孫だった松平定信が老中首座に就任するという政治改革がなされた。

その天明の打ちこわしの時、御庭番は、江戸市中を探索し、多くの情報を将軍にあげた。御庭番の収集した情報は、例えば次のようなものだった。

「町奉行二人のうち、特に曲淵甲斐守《まがりぶちかいのかみ》（景漸《かげつぐ》）の風聞がよくありません。江戸の町方の鎮圧が町奉行の手に余るということは、町奉行という重い御役に対して済まないことだと噂《うわさ》しています。打ちこわしの鎮静化のため町奉行・与力・同心が出動しましたが、騒ぎ立てている場所へ飛び込んで召し捕るようなことは一切せず、騒動に紛れて行う小盗みや怪しい者を召し捕るだけで、騒動の場所には寄りつきもしません。もっとも、召し捕った者の中には打ちこわしに参加した者もいるでしょうが、騒ぎ立てている中に飛び込んで召し捕るということがないため、町方の風聞ははなはだ宜《よろ》しくありません。その上、打ちこわしがあった後へ後へと回っているので、鎮圧のためにはならず、役柄に似合わないことだともっぱら噂されています」

町方では、町奉行の弱腰を口を極めて非難していた。それが、すべて御庭番を通して将軍の耳に入っていたのである。

町奉行曲淵甲斐守については、もっと様々な風聞が記されている。曲淵は、与力から町方の様子が不穏だという報告を受けながら、それを取り上げなかったため、これほどの騒動になったのだとの批判があると報告されている。

また、打ちこわしが起こったあと、町奉行は御救金《おすくいきん》や御救米を町々へ下賜《かし》することを決めた。それ自体は感謝されているようだが、騒ぎの前に下賜していたなら将軍の御慈悲としてみな深く帰伏しただろうが、騒ぎを起こす前は一向に取り合わず、騒動に及んで急に御救いの手当を下賜したのでは、騒ぎを起こした者を懐柔するためのように受け取られている、と報告されている。

将軍の政治に欠かせなかった情報網

将軍のお膝元《ひざもと》である江戸での打ちこわしという前代未聞の大事件は、町奉行所の譲歩を引き出す江戸の下層民の勝利に終わったと言えよう。幕府の権威を守るためにも、町奉行はよく情勢を把握し、早めに手を打つ必要があったのである。

曲淵は、町人たちが米の下賜を願った際、「昔、飢饉《ききん》の時は犬を食べたことがあって、犬一匹が七貫文（一文を二十円と換算すると現在の約十三万円）もした、この度も犬を喰え」（『よしの冊子』）と暴言を吐き、それがもとで騒動に及んだともいう。状況判断ができない傲慢《ごうまん》な町奉行であったため、最悪の事態に陥ったとも言える。

翌六月には曲淵が町奉行を更迭《こうてつ》された。ただ、罷免《ひめん》ではなく、閑職の西丸留守居への異動だった。もう一人の町奉行山村信濃守は、非番だったため留任した。おそらく幕府は、曲淵を罷免すると、打ちこわしの圧力に負けたような形になるため、左遷《させん》でお茶を濁したのだろう。

ともあれ、御庭番の探索によって、町方の動きや町奉行の評判など、想像以上の情報が将軍に上がっていたのである。

御庭番の出張

御庭番の「第一の御用」は、「遠国御用」だった。遠国御用とは、江戸から遠く離れた地域の政情を探索することで、通常、二名の御庭番が出張する。今回は、遠国御用がどのように行われたかを、深井雅海氏が紹介した史料（「川村清兵衛手留」）の記述をもとに復元してみよう。

安政七（一八六〇）年三月三日、江戸城桜田門外で、登城中の幕府大老井伊直弼《いいなおすけ》が、水戸藩浪士十七名と薩摩藩浪士一名によって襲撃され、首をとられた。井伊大老が、将軍継嗣《けいし》問題や開国方針で対立した前水戸藩主徳川斉昭《なりあき》を謹慎処分とするなど、反対派を弾圧したことに対する報復であった。

ちょうど参勤途上にあった薩摩藩主島津忠義は、この事件の知らせを受け、国元に引き返し、その後は病気と称して参勤しようとしなかった。幕府は、忠義が、単に井伊直弼殺害に、元薩摩藩士が加わっていたことから、井伊大老が藩主だった彦根藩の家臣たちの復《ふく》讐《しゅう》を気遣っているのか、あるいは外に何か意図があるのか、本当のところを知りたかった。

そのため、西国に御庭番を派遣して、薩摩藩の動きを探索しようとしたのである。

御庭番の出張経費

六月二十八日、御側御用取次平岡道弘は、御庭番家筋出身の賄頭を呼び出し、川村清兵衛に遠国御用を申し付けても差し支えはないかと尋ねた。賄頭は、「遠国御用は御庭番第一の御用なので、いささかも差し支えはありません」と答えた。意外なことに、遠国御用を命じるのに、一応、御庭番の都合を聞いているのである。

七月二日、平岡は、清兵衛に正式に遠国御用を申し渡した。

「薩摩藩主島津忠義が病気を理由に出府しないのは、桜田門外の変を気遣ってのことだろうとは思うが、薩摩藩の方では江戸の情勢がよく分かっていないということもあるだろう。

そのあたりのことを探索せよ。また、(十四代将軍家茂《いえもち》の)御代替わり後初めての遠国御用なので、京都・大坂、西国筋の様子なども取り調べよ」

これを受けて清兵衛は、遠国御用の入用を調べ、御下げ金を願った。見積もりは日数百日で、二人分金百両である。御庭番の出張経費は、二人で一日一両が基準であったことが分かる。

商人に姿を変え遠国の情報を収集

この時の御用は、清兵衛と明楽鋭三郎の二人である。ただし、二人だけで行くわけではなく、飛脚屋から宰領(荷物の運搬役)一人を雇った。宰領を出す飛脚屋は、いつもこうした御用を承る店で、上方にも支店があった。飛脚屋は、日常的に手紙や荷物を送るほか、様々な情報を収集して書き送っており、現在で言えば通信社のような役割も果たしていた。御庭番から見ると、上方の飛脚屋に行けば、西国筋の情報も得ることができた。

清兵衛らは、京都・大坂の「手先(幕府への協力者)」へ手紙を送って今回の任務を伝え、七月十八日、江戸を発《た》った。御庭番と知られては探索などはできないので、商人に姿を変えていく。ただし、あまり変わった者に扮《ふん》すると、逆に怪しまれて失敗するので、ごく普通に行動する。

清兵衛らは、中山道を通って八月四日に大坂へ到着、そこで八日まで逗留《とうりゅう》した。この逗留期間中に、手先などの協力者からの情報を得る。

その後、山陽道を下り、八月二十九日、熊本まで行くが、薩摩藩領に入ることはできなかった。「薩摩飛脚は冥土《めいど》の飛脚」という言葉は有名で、薩摩藩は余所者《よそもの》の入国を厳しく管理しており、正体が暴《あば》かれると命も危ないから、自重したものだろう。そこで清兵衛らは長崎に向かい、そこで逗留して情報収集にあたった。

長崎には、幕府の出先機関である長崎奉行所があり、西国諸藩が長崎に置いた蔵屋敷には、「聞役《ききやく》」と称される諸藩の家臣も常駐していたので、情報収集には好都合だったのである。

清兵衛らの行動を見ると、遠国御用は、確かに姿を変えて目的地に向かうが、基本はその地域の協力者からの情報を収集することだったようである。当時、噂《うわさ》された植木屋や経師《きょうじ》屋《や》などを手先に使い潜入させるというようなことはなかったという。

重宝された情報

その後、清兵衛らは引き返し、十月十六日に江戸に戻った。使ったお金は計八十八両で、会計報告をしている。残金十二両は、返却に及ばずとされ、二人に下し置かれた。その後、探索書を執筆して提出し、それぞれ十三両ずつの褒美《ほうび》が下された。遠国御用は百日以上の場合、金十両の褒美が出ることになっており、清兵衛らには、それに三両が上乗せされた。

御庭番は、遠国奉行にまで昇進することがあるれっきとした旗本であり、時代劇に描かれるようないわゆる「幕府隠密」とは少し違っていた。ただし、全国的な新聞などない時代だから、こうした情報収集は、幕府にとっては貴重なものだったのである。

御庭番の日常業務

「伊賀者」の身分になった御庭番

将軍の密命を帯びて、江戸市中だけでなく全国に探索の旅をする御庭番であるが、江戸城での日常業務もあった。

御庭番は、すでに述べたように、八代将軍徳川吉宗が紀州から連れてきた十七人の者で、知行十石ほどの低い身分の者ばかりだった。幕臣になって身分は「御《お》広敷《ひろしき》伊賀者」とされた。

「伊賀者」というのは、本能寺の変の時、上方にいた徳川家康が三河に逃げ帰る時お伴をした伊賀国の地侍たちの子孫で、その頭は半蔵門に屋敷を持った服部半蔵であることは有名である。ただし、御庭番は伊賀者の組織に編入されたわけではなく、身分が「伊賀者」となったということである。

「御広敷」というのは、大奥の男子役人の組織であるから、御庭番は御広敷番の頭の支配を受け、時代を経るにつれて身分が上昇し、御目見得以上となった者は御広敷用人の支配となった。

これは身分的な支配関係で、勤方の指示をするのは、小納戸《こなんど》頭取のうちの「奥の番」という掛りだった。なかなか複雑だが、制度上の組織と実際上の指示系統が違うことは、現在の組織でもよくあることである。小納戸頭取は、中奥の事務方の最高責任者的地位にあったから、御庭番の日常業務も多岐にわたった。

「袋の鼠《ねずみ》」と呼ばれた御庭番の宿直業務

御庭番は、平常、江戸城天守台下の庭に設けられた番所に勤務した。この庭は、大奥に隣接するが、大奥や中奥の庭とは塀《へい》で仕切られた区画で、江戸城の外との境目にある場所である。

御庭番は、昼間は大奥の御広敷にある部屋にいて、夕方七つ時（午後四時頃）になると毎日三人ずつが御庭の御番所に行き、そこで宿直する。

その時は、鍵《かぎ》番の坊主に頼んで詰め所にいる奥の番に申し込む。奥の番は三人の姓名を記し、「当番帳」を渡す。三人は、御庭に行き、持ち場を見回る。番所に入る時は、外に向かう門も、自分たちが入ってきた門も閉められている。これを元御庭番の川村清兵衛は「袋の鼠」と称している。

もし非常のことがあれば、かねて受け取っている拍子木を打って回る。拍子木はよく響くので、奥の番の詰め所や大奥にも聞こえる。無事夜が明けると、明《あ》け六つ（夜明け時）に鍵番の坊主が門を開けに来る。三人は番所を引き払い、御広敷へ行く。

このように御庭番は、外界と大奥の間の閉鎖された場所で、外から鍵を閉められ警備にあたるのが日常業務だったのである。この宿直業務は安政（一八五四〜六〇）の頃からは四人体制となり、不寝番になったというから、それまでは寝てもよかったようである。

江戸城の取締りも行った

この宿直業務の外、江戸城に入る植木職などの職人の取締りも御庭番の役目だった。

例えば、暮れに大掃除があれば、大工、畳屋、経師屋などが江戸城内に入る。

その時は、担当の役人から入る職人の人数を聞き、入ってはいけない場所には入らないようにするなど、それらの者の取締りをした。

植木屋が入ったり、畳屋が入ったりという時には、将軍はそこを留守にする。職人が入る日は、将軍の御成《おなり》（外出のこと）の時などに設定され、御成がない時でも別の部屋に御座所を移している。

職人が入ると言っても、数人のことではない。

例えば将軍がふだん生活する御休息の間は、上段と下段があってそれぞれ十八畳ずつある。この部屋の畳や障子を一日で表替えしたり張り替えたりするので、二百人ぐらいの様々な職人が入る。

大奥の御小座敷から吹上の庭までは、つながっており、ここで将軍と大奥女中らが遊ぶこともあった。この時は、御庭番が奥の番に付いて取締りを行った。

将軍の楽しみのために中奥で御能が行われる時は、能役者の楽屋に入って取締りをした。寛政（一七八九〜一八〇二）の頃、御休息御庭之者支配という役ができ、御庭番がそれに任じられることになった。

御休息御庭之者支配は二人で、配下に御庭方という身分の軽い者が三十人ほどあった。この役は、将軍の庭の管理一切を管轄《かんかつ》した。例えば、庭の造作や植木の買い上げなども行うから、金銭の出納などにもかかわった。

御庭番の住居は、浜町の中の松島町（現在、中央区日本橋人形町二丁目）に町屋敷が百五十坪くらいずつ下賜《かし》された。しかし、そこは町人に貸して地代を取り、自分たちは桜田の御用屋敷に住んだ。その後、この地所は鍋島家に与えられるので、虎之門の外や雉子橋《きじばし》門の内などに新しく御用屋敷ができて居住した。

御庭番の中には、御目見得以上になったり、遠国奉行に登用されたりする者も出てくる。そうした者は、町屋敷と武家地の交換を願い、武家地に住むようにもなった。もともとの身分は低く「袋の鼠」となって江戸城を警備した御庭番だが、将軍の手足となって働くうちに、幕臣の中でも相当の地位に上るようになったのである。

坊主衆の城内での役割

小使をする坊主衆

かつて官公庁や学校には、「小使」と呼ばれる職員がいて、お茶を出したり雑用をしたりしていた。最近の官公庁では、学生などのアルバイトを雇ってお茶の給仕やコピー取りをさせている。

江戸時代においても、雑用的な仕事は必要であったが、武士がお茶くみなどをするわけにはいかない。そうした仕事は、「坊主衆」と呼ばれる者が行っていた。薩摩藩では、下級武士の子弟がある年齢になるまで頭を剃《そ》って務めていた。これが「小坊主」で、西郷隆盛なども小坊主の経験があった。

江戸城では、諸藩とは比べものにならないほど多くの坊主が働いていた。

奥坊主は、将軍の召し物を取り扱う役職で、将軍の身の回りの物品を扱う小納戸《こなんど》からの指示を受けて将軍の召し物を差し出した。小納戸や将軍の身の回りの世話をする小姓は、小坊主という年少の坊主を使った。これらの奥坊主は、奥坊主組頭に管轄《かんかつ》された。

老中が会議をする御用部屋では、御用部屋坊主が書類を運んだり、湯茶の給仕を行う。その上に御同朋《ごどうぼう》と呼ばれる上級の坊主がおり、御同朋頭が管轄した。

御同朋頭は二百石高の役職で、これ以下の禄高《ろくだか》の者でも知行二百石分が支給された。御同朋は百五十俵高である。これらの坊主は、世阿弥のように阿弥号を用いた。これは、室町時代の伝統を踏襲したものである。

数寄屋《すきや》坊主は、御三家、溜詰《たまりづめ》大名（大老を出す井伊家や親藩の一部）、諸大名にお茶を給仕するのが表向きの職務だったが、大名に頼まれて江戸城中での連絡役なども務めた。

毎年将軍家の茶壺《ちゃつぼ》を携えて宇治に行き、新茶を詰めて帰るのも数寄屋坊主の仕事である。これが「御茶壺道中」で、将軍家の権威を笠に着て横柄《おうへい》な振る舞いをなしたという。

諸大名の家に出入りする坊主は裕福だった

表坊主は、二百数十人もいたと言われ、江戸城に不案内な諸大名の世話をした。大名の家臣は江戸城内に出入りできないので、このような介助はどうしても必要なことであった。

また、儀式の時には、坊主の部屋を借りて着替えなどを行った。このため、諸大名は、特定の坊主を頼むようになり、自家に出入りさせた。

もちろん、この「御用頼《ごようだのみ》」の坊主衆には、諸大名から多くの贈り物があり、年にいくらという手当も支給された。このため、坊主はそれぞれ何家かの大名に出入りし、多くの収入があった。表坊主の給料は、二十俵二人扶持《ぶち》という低額のものであったが、諸大名からの手当のため、たいへん裕福だったという。

江戸時代の法令を見ると、「表坊主は小給(少ない給料)であるにもかかわらず、大名からの給物《たまいもの》があるので豊かに暮らし、家作なども分限不相応のものを建て、多くの召使いを使い、大名などへ横柄な応対をしているが、今後は慎むように」というようなことが書かれている。

大名の縁組や養子の仲介までとりもつ坊主

幕末の福井藩主松平慶永《よしなが》(春嶽《しゅんがく》)は、表坊主の働きについて、次のように述べている。

「大名の登城中に、坊主がなにかと世話をするようにさせたのは、幕府の大名統制の一手段である。江戸城中で世話をしていたのが、しだいに大名家に出入りするようになり、大名の宴会にも出入りの坊主四、五人が出るような慣習になった。また、大名の縁組や養子の媒酌（仲介）なども坊主に頼めば便利である。大名の宴会や客来などに坊主が出ていけば、秘密の談話なども出来なくなるので、この手段は格別な効力を持っている」

幕府が、大名家の秘密の談話などを警戒して坊主を大名家に出入りするようにさせたというのは、あまりに穿《うが》ちすぎた見方であるが、幕末にはそういう効果もあったのだろう。しかし、それ以上に注目すべきなのは、大名の縁組や養子などの打診も、坊主を頼んでいたという証言である。

こうしたことは、縁戚《えんせき》の大名などを頼んで行うと、身動きが取れなくなることが多い。話がなかば公的なものになるから、断ったりすることができず、互いに不満を残すことになるからである。それよりは、坊主に内々に打診させ、本当に双方の条件が折り合うことを確認した上で、公式な形で申し入れた方がうまくいくだろう。

もともとは、江戸城に登城した大名にお茶を出すためにもうけられた役職が、坊主という武士のしきたりに縛られない身分であるため、様々な任務を担《にな》うことになったのである。体面があって不自由な武士の組織の中に、自然発生的に武士の身分以外の者が潤滑油として動くようになったことは、組織というものを考える上で興味深いことである。

御用頼《ごようだのみ》表坊主の横暴

幕府政治を円滑にするための立場

専門家以外にはあまり知られていないことだが、江戸時代の幕府には、「御用頼」という慣行が様々なレベルに存在した。これは、諸藩の依頼を受け、諸藩のために行動の指南を行う者を呼んだものである。

御用頼として行動する最も高い役職は、老中である。老中は数名で構成される将軍から任命された最高の役職であるが、それぞれいくつかの藩の御用頼となり、その藩のために助言をしたり、便宜をはかったりしていた。先手頭《さきてがしら》などの役職にある旗本も御用頼を依頼され、諸藩から幕府への願書などの取次や助言などを行っていた。老中の秘書官である奥《おく》右筆《ゆうひつ》、徒目付《かちめつけ》や小人目付などの御家人、町奉行所与力や表坊主などにも御用頼がいた。

これらの御用頼は、大名が幕府政治において失敗を回避するため、大名から依頼したものであったが、次第に御用頼を務める旗本や御家人の役得のようになり、大名が自由に辞めさせたりすることができないものになっていった。

寛政二（一七九〇）年、老中首座松平定信は、表坊主の管轄者である同朋《どうぼう》頭の平井専阿弥に御用頼表坊主の専横の改革を命じた。

過分の給物《たまいもの》を贈られた裕福な御用頼

これを受けた専阿弥の請書によると、当時、表坊主は次のようなものであった。

表坊主は、大名や幕府の役職者から、江戸城での御用を依頼され、「過分の給物」等を贈られ、裕福に暮らしていた。

服藤弘司氏の研究によれば、表坊主は、わずか二十俵二人扶持《ぶち》の軽輩であるにもかかわらず、門を構えたり、玄関のある豪勢な邸宅を建て、多数の召使を雇い、本人のみならず妻子までが贅沢《ぜいたく》な衣服を着るなど奢侈《しゃし》な生活をし、尊大、高慢な態度をとり、歴々（大名・旗本）に対しても傲慢《ごうまん》無礼な振る舞いに及んだという（『藩法史料叢書《そうしょ》2 金沢藩』解題）。

表坊主の人数は、二百人ほどである。それに対して、例えば彦根藩井伊家の御用頼表坊主の数は、五十人に及んだという。

つまり、一人の表坊主が、多くの藩の御用頼を兼任し、それぞれの藩から扶持や贈答を受けていたのである。一藩だけならそれほどの収入にはならなかったかもしれないが、だれもが数藩から十数藩の御用頼を兼任していたのであるから、裕福になるのも当然のことであった。さらに、大名家に将軍への初めての御目見得、家督、婚礼などの祝儀《しゅうぎ》ごとがあると、料理や邸内の調度や飾り付けなどまで指揮した。これらには大きな利権が伴っていた。

本来、御用頼は、藩から依頼するものであったのにもかかわらず、表坊主たちにとっては、御用頼は既得権であった。そのため、藩が、財政窮乏のため御用頼を減らそうとすると、表坊主たちはありもしない「定員」を称し、あくまで抵抗した。

定信が問題視したのは、こうした表坊主たちの横暴であった。

専阿弥は、これらの行動を戒める法令なども不備であり、よかれと思ってやっていた者もあるので、これまでのことは不問に付し、新たに取締りの法令を出し、以後それに背いた者は小普請入り（罷免《ひめん》）や場所替え（異動）を命ずることにしたいと上申した。

専阿弥の意図は、支配下の表坊主をすぐさま譴責《けんせき》することを避け、以後、風儀を改めさせようとしたものであった。これは定信に聞き入れられたが、その四か月後には、表坊主十一人が小普請入り、勤向差免、西丸への役替えなどを命じられた。これまでの風儀が容易に改められなかったことが分かる。

大名のアドバイザーとしての既得権

それでは、なぜこうした役割が生まれ、ここまで発達してきたのであろうか。

その原因は、万事、重々しくなっていた幕府の儀式にある。大名にとって、江戸城での儀式は、不馴《ふな》れなものである。いきおい、それを指南してくれる存在が必要だった。それに最も適任なのは、いつも江戸城にあって複雑な儀礼を知悉《ちしつ》している表坊主だった。

そのため自然発生的に表坊主にあいさつし、助言や便宜をはかってくれることを依頼することになったのである。

一方で、幕府は、軽輩である表坊主には、たいした給与を与えていなかった。表坊主にとって、大名家からの御用頼依頼は、生活のための必須の副収入源であった。幕府は、そうしたことを黙認するだけで、表坊主への待遇を改善することをしようとはしなかった。

こうして、表坊主の論理では、小給の自分たちに大名家が援助をすることは当然と、開き直ることになった。

そもそも、藩からの御用頼は、老中を始めとして、歴々の旗本や御家人などまで依頼して務めてきていることである。自分たちの既得権と考えたとしてもあながち表坊主だけの罪ではない。

幕府の儀式は、こうした公式ではないが不正でもない動きが加わることによって、滞りなく行われ、それが将軍の権威を高めることにもなっていたのである。

江戸城台所の悪弊

幕府の台所をあずかる賄頭《まかないがしら》

幕府の賄頭は、江戸城の台所へ魚肉・蔬菜《そさい》、その他一切の食料品を供給する部署の責任者である。

おおむね二人から四人で構成され、若年寄支配、役高二百俵の役職で、役料が二百俵付いた。

賄頭の下には、組頭、調役、吟味役、賄方などがいた。賄方が調達した食材を吟味役が点検し、次に調役が調査し、組頭がさらに精査してそれぞれの台所に分配した。

江戸城の台所は、膳所、奥膳所、表台所の三つがあった。膳所台所は将軍の食膳の調理を担当し、奥膳所台所は奥向きの食膳、表台所は登城した大名や諸役人の食膳を担当した。それぞれの頭の役高は二百俵、役料は百俵であった。

なお、調理された将軍の食膳を司《つかさど》る役にすでに述べた御膳奉行がある。役高二百俵で役料二百俵が付いた。この役職は、もともとは毒味役である「鬼取《おにとり》」である。賄頭や膳奉行は、れっきとした旗本が務めるが、実際に調理にあたる者たちは御目見得以下の御家人である。例えば台所衆は、四十俵二人扶持、組頭は百俵四人扶持ほどの給与だった。

米一俵は三斗五升入りなので、四十俵だと十四石となる。現在の貨幣価値で換算すると、せいぜい年収二百四十万円ほどである。それに二人扶持（一日一升の飯米）がつく。組頭となるとその二倍以上だが、それでも五百万円ほどの年収である。

質素な料理で台所人が差額を着服

江戸城では、老中を始め諸大名、布衣《ほい》以上の役人には日々、昼の食事が下された。これを担当したのが、表台所である。

老中、若年寄、側衆《そばしゅう》らの料理は丁寧なものであった。しかし、その他の役人への料理は「汁平坪飯位《くらい》の料理」だったという。「汁平坪飯」とは、おそらく汁とご飯とその他料理一皿程度のを指す言葉であろう。

ただ、台所の旧弊で、一人前の料理は料理代から考えればよほど粗末にしたもので、玉子焼きなどは薄く一、二厘（〇・三〜〇・六ミリメートル）の厚さだったという。その差額は、当然、台所人の利益となった。

幕臣の監察に当たる目付は、毎日一人ずつが登城し、目付部屋に詰めた。料理もその部屋で頂戴《ちょうだい》する。この目付だけには、料理代相当の調理がされた。

もし目付の間で、値段に比べて料理が粗末だなどという議論が出ると、台所人や賄頭の不調法となり、免職の恐れがあったからである。目付は、自分に出される料理が良いので、ほかの料理も同様だろうと思っていたという。

寛政の頃（一七八九〜一八〇一）、老中のだれか（松平定信とも松平右近将監ともいう）が、ある日九つ時（昼の十二時頃）、突然、御用部屋（老中の執務室）を出て、諸役人が料理を食べる場所に座った。そして人を遣わし、「今日はここの料理を頂戴に参った」と告げた。

あわてた台所人は、「御老中方の御料理はもはや差し出しております」と答えた。

しかしその老中は、笑いながら、「この席の料理を出せ」と命令した。

台所人は、仕方なくほかの者と同じ料理を出した。

老中は、黙ってその料理を食べ、「またその内参って食べるぞ」と言い置いて御用部屋に帰ったという。

それ以後、台所人は、老中がいつ来るかわからないので、どの席の料理も料理代相当のものとし、差額を着服することがなくなった。そのため、諸大夫以下布衣以上の役人はことのほか喜び、当時の人々は、「是《これ》改良の厳命を下さずして、自然に改良をなしたり」とその老中を賞賛したという。

この話は、江戸時代末期、新設の政事総裁職となった、元福井藩主松平慶永《よしなが》（春嶽《しゅんがく》）が聞いた話を書き留めたものである（松平春嶽「雨窓閑話稿」『松平春嶽全集』第一巻所収）。

悪弊に対して穏便に反省を促す老中

江戸幕府の各部署には、こうした悪弊がまかり通っていた。

たまたま気付いた者がいても、あえて事を荒立てることはしなかった。これは、摘発した場合は、大勢の料理人を免職しなければならず、幕府としても困ったことになるからである。

所詮は小役人の小悪かもしれない。しかし、これはまぎれもない業務上横領の罪であり、見過ごすわけにはいかない。そこでその老中は、表だって摘発する代わりに、その方たちの悪事は知っているぞということを示し、反省を促し、行動を改めさせたのである。

近年でも、橋梁《きょうりょう》会社に天下りした元道路公団理事らが談合を行ったとして逮捕されるなど、不法行為が摘発されている。

業界の慣行であり必要悪だとする向きもあるようだが、そうした不法行為の芽は、逮捕などという重大事にならないうちに摘んでおく必要がある。そのためには、こうした穏便な手段も参考になるかもしれない。

出向した大奥女中の気位の高さ

主君すら呼び捨てにした姫君様付きの女中

旗本だけでなく、大奥女中にも出向があった。将軍家姫君が嫁いだり、若君が養子となって他家へ入る場合には、大奥女中の中から付け人が選ばれ、諸大名の奥へ入るのである。大名家の奥女中となっても、給料は幕府から支給され、身分は大奥女中に準じる。もし不幸にして姫君が亡《な》くなったりすれば、再び大奥に戻ることになる。

そのため、大名家の奥女中となっても、大奥女中の気位は高く、主君となった大名すら呼び捨てにする。それが大奥の流儀だった。

加賀藩前田斉泰《なりやす》に嫁いだ十一代将軍家斉の娘溶姫は、側《そば》の女中が「加賀守《かがのかみ》、加賀守」と言うのを聞いて驚き、「それは身が殿のことを申すのか」と尋ねたという。

トラブルを招いた一橋家老女の不敬な態度

こうした有様だったから、時に大名家とトラブルを起こすこともあった。

薩摩藩主島津重豪《しげひで》の娘茂姫は、一橋家へ輿入《こしい》れすることになり、両家の大奥も交際が始まることになった。こうした交際を「通路《つうろ》」といい、互いの格式によっては上下関係もできる。ただし、一橋家と島津家は同等の関係を結ぶ「両敬《りょうけい》」とされた。

安永五（一七七六）年九月二十一日、島津家から女使《おんなづかい》を一橋家に遣わし、その返礼として一橋家からも老女飯島が女使として薩摩藩の芝藩邸に遣わされた。問題は、この飯島の言動から起こった。

飯島は、輿入れする予定の茂姫にお目通りした。この時、茂姫は四歳の幼女である。それもあってか飯島は、「惣而手高《てだか》なる振舞、憚《はばか》りなき儀ども、御不敬なる致し方、御案外の事」（辻達也編著『一橋徳川家文書』続群書類従完成会）だった。つまり、茂姫に対し最後まで高慢《こうまん》な態度で、憚りのない不敬な致し方で、島津家はずいぶん心外に感じたのである。

さらに、茶屋で饗応《きょうおう》した時、藩主の重豪が出てきて、直々に接待し、手ずから御酌までするというもてなしぶりだったのだが、それに対しても何の愛想もなく、その場に茂姫が出てきた時も、上座に座ったまま、少し身を振ったぐらいで着座を改めようともせず、憚るそぶりすらなかった。

これから主人となる茂姫に対してすらそのような態度だったから、重豪の子供たちや御《お》内証《ないしょう》の御方（跡継ぎを産んだ側室）らへの態度はなおさらのことで、島津家の老女平野らへ対しては「誠ニ部屋方者同前《へやかたものどうぜん》（然）之取扱」だった。老女が私的に召し使う部屋方の女中に対する態度だったというのである。

ようやく折れた老女

島津家では、これでは今後が思いやられるし、茂姫のためにもよくないと考え、幕府老中に対し、厳重な抗議の書付を提出した。

これを受け取った老中田沼意次《おきつぐ》及び御側御用取次稲葉正明は、一橋家家老に注意を申し渡した。

「（御三卿《ごさんきょう》が）格別であるなどということは、どこから出たことなのか。まったく聞いたことがない。ただし、これまではそのようなこともあったとは思うが、それは先方でそれを納得している場合は、内々のことだから、宜《よろ》しくはないことだがありうることである。

しかし、今度の島津家のように抗議をしてきたら、幕府の制度に照らして返答しなければ済まないことである。このまま捨て置いたとしたら、御縁談の障《さわ》りになることも歴然のことである」

こうした理由で田沼らは、一橋家に反省を促し、島津家とよく相談して互いの格式を決めるよう命じたのである。中でも、「一ツ橋を公儀《こうぎ》と心得居《こころえお》られ候而《そうろうて》は、甚《はなはだ》間違に候」という一言は注目される。一橋家は将軍の控えの家ではあるが、「公儀」すなわち徳川宗家とは違うというのである。

当事者である飯島は、一橋家家老の問い合わせに対し、これまでの仕来《しきた》り通り、申し伝えられたことをそのまま実行したまでで、何の不相応なこともないと思う、と答えた。何が問題になっているか分からない、といった態度である。

しかし、島津家が激怒し、老中まで乗り出したことである。一橋家家老だった新庄能登守は、十二月二十四日、役替えとなった。事件の責任をとらされた恰好《かっこう》だが、異動先は幕府大目付であるから、左遷《させん》というより栄転である。

しかし、飯島にとっては、家老の役替えは堪《こた》えたのかもしれない。翌年二月二十日、飯島は、同じく老女松瀬と連名で、一橋家家老に、「これまでは問い合わせなどが行き届かなかった、先方へなにぶんよろしく御伝えくださいと詫《わ》びを入れた。

こうして島津家の怒りも収まり、天明元（一七八一）年閏《うるう》五月十九日、九歳になった茂姫は、一橋邸に引き取られた。夫になるべき一橋豊千代は、十代将軍家治の養子となっていたので、茂姫は九月二十三日には西丸に入り「御縁女様《ごえんじょさま》」と呼ばれることになった。「御縁女」とは次期将軍の婚約者ということである。

出向してなお、大奥女中の気位の高さはこれほどのものだった。しかし、これは、養子や縁組で大名家へ入った将軍の子女を守るためでもあり、使命感によるものだったかもしれない。

大奥に勤める男子役人

「御広敷《おひろしき》」に勤めた男子役人

大奥は、将軍以外は女性だけの世界だと言われるが、大奥を職場とする男子役人もいた。勤める場所は、大奥の玄関に近い「御広敷」という場所である。責任者は御広敷用人、配下に広敷御用部屋吟味役、広敷御用部屋書役があった。このほか、大奥出入りの門を警備する役として御広敷番の頭《かしら》がおり、配下に御広敷番、御広敷添番などがいた。

御台所（将軍の正室）は大奥の外に出ることはないため、大奥の経費を管理し、買い物その他もろもろのことを行うのが御広敷用人の仕事であった。つまり、御台所のために、反物や装飾品、調度など様々な物品を調達するのである。

御広敷用人は三人おり、五百俵高の布衣《ほい》役だった。それに役料が三百俵ついた。表の布衣役では、徒頭《かちがしら》などが千石高であり、格は御広敷用人の方が上なのだが、役料は高いものではない。当然、御台所や大奥御年寄の要求を諫《いさ》めることなどはできるはずがない。そのため、御広敷用人は、万事、留守居の指示を受けて動くことになっていた。

留守居は、町奉行や勘定奉行という要職を務めた者が、老齢になって就く役職だから、その指示には重みがあった。とはいえ、留守居といえども、御台所のたっての頼みを拒否することはできなかっただろう。

御広敷用人には、職務に精励し、御台所からたいへん感謝される者もいた。天英院（六代家宣《いえのぶ》正室）の時代、御広敷用人であった諏訪三郎四郎という者は、天英院から、「其方《そのほう》は、物ごとに細かに心の付くもの哉《かな》、我に万年も仕へよ」と、盃《さかずき》を下されたという。諏訪は、その後、苗字《みょうじ》を改め、万年三郎四郎と名乗ったという（『明良帯録』）。

これは少し事実と違うが、御広敷用人が、時には御台所に御目見得し、こうした褒詞《ほうし》を得ていたことは確かである。

大金が投じられた大奥の経費

大奥の経費は、『御触書天保集成』（高柳真三・石井良助編、岩波書店）によると、金六千両に銀百貫目である。銀五十匁《もんめ》を金一両として換算すると、百貫目は金二千両になる。つまり、一年に八千両もの大金が大奥のために使われていたのである。

大奥経費の名目は「御台様合力金」である。つまり、御台所に渡されるお金が大奥のために使われるのである。

ただし、御台所が自分でお金を持つわけではなく、お金そのものは御広敷用人が持ち、大奥御年寄の指示で表使《おもてづかい》が会計を担当した。

勘定奉行にまで抜擢《ばってき》された御広敷用人

御広敷用人の前職は、御腰物奉行、奥右筆《おくゆうひつ》組頭、新番組頭、留守居番、納戸《なんど》頭、御膳奉行、賄《まかない》頭、小普請《こぶしん》組支配組頭、小納戸などである。

表の役職よりは中奥の役職からの昇進が多い。やはり、将軍や御台所の近くに仕える役職は、そうしたコースをたどることが多かったのだろう。

幕臣のエリートコースは、目付、遠国奉行、勘定奉行、町奉行というものだから、御広敷用人は明らかにそうしたコースから外れている。この役職から昇進が望めるとすれば、禁裏附《きんりづき》（京都に赴任し、朝廷の御用を務める役）や先手頭《さきてがしら》あたりが多い。しかし、稀《まれ》には、下三奉行（普請・作事・小普請の三奉行）のうち、小普請奉行や作事奉行に昇進する者もいた。

ところが、文化七（一八一〇）年には、この役から勘定奉行に抜擢される者が出た。『明良帯録』という幕府の制度を解説した史料には、次のように記されている。

「近来、永田備後守《びんごのかみ》、此場《このば》より御勘定奉行に昇る。是《これ》は大奥にて希有《けう》の働き有りて、御台様御感悦御願にて、此場へ昇るなり」

御台所がその働きぶりに感悦し、将軍に働きかけて勘定奉行に昇進させたというのである。

勘定奉行になった永田備後守は、実名を正道といい、文化二（一八〇五）年三月八日、西丸御広敷用人から御広敷用人となり、五年九か月ほど務め、同七（一八一〇）年十二月十四日、勘定奉行に昇進している（『柳営補任』）。

永田以後にも、古川和泉守氏清という者が、文化十三（一八一六）年八月四日、勘定奉行に昇進した。

文化年間（一八〇四〜一八）というのは、十一代将軍家斉《いえなり》の時代である。家斉は、五十人以上も子をもうけたことで有名な将軍で、そのため大奥の経費も増加の一途をたどっていた。

文政三（一八二〇）年九月には、勘定奉行へ、これまで大奥定高（金六千両に銀百貫目）のほかに、足金として年々金五百両を加えていたが、それでも足りないので、今後三年間はさらに金五百両を加えるようにとの指示が出ている。大奥経費の増大は、御広敷用人の役割の重要度を増大させたことだろう。そのことが、永田備後守の勘定奉行抜擢への伏線となっていたと思われる。

大奥で事件が起こった時の処理

行方不明になった女中

文政四（一八二一）年六月のこと、江戸城大奥で御右筆《おゆうひつ》を務めるおりうという女中の部屋方の女中が行方不明になるという事件があった。おりうは幕府に直接仕える直の奉公人で、彼女が自分で召し抱えるのが部屋方の女中である。

御右筆は、大奥老女らの文書を作成する書記役である。出番（勤務に出ること）は、朝五つ（午前八時頃）と決まっていた。

大奥女中たちは、出勤時間に遅れるわけにはいかないから、長局《ながつぼね》（大奥にある女中の宿舎）の火の元を取り締まる御火の番に「起こし」を頼む。目覚まし時計代わりである。おりうの部屋方女中も、例の通り、七つ半（午前五時）の起こしを頼んでいた。

七つ半に御火の番は、その部屋方を起こしたが、その部屋方は、そのままどこかへ行ってしまった。夜が明けたことに気付いて相役（同僚）の女中が起きたが、その部屋方がいない。主人のおりうも部屋方の行方不明は気になったが、五つが近づいたので、朝食も取らず、御殿向きに勤務に出た。

それから、相役の部屋方が長局中を探して回ったが、どこにもいない。

朝から夕方まで探して見つからないので、仕方なく「御役方」に届けた。「御役方」とは、大奥警備の責任者である御広敷《おひろしき》番の頭であろう。

それで大騒ぎとなり、「御役人衆」が、配下の人足を連れて長局に入り、行方不明の部屋方を捜索させた。しかし、夜も更《ふ》けて来たので、その日の捜索は打ち切った。

翌日は、朝から長局の二十五か所の井戸、縁の下、長局の部屋、部屋の物置、乗物《のりもの》部屋（「乗物」とは、高級女中が外出の時に乗る駕籠《かご》）などを探したが、見つからない。こうした場合、「御役人衆」である御広敷番の頭やその配下の添番は、捜索の監督を行い、井戸や縁の下などを実際に探すのは、身分の低い御下男《おしもおとこ》などの人足である。

それから三日間、捜索は続いた。長局のあちこちに添番が立ち、長局中を人足が何度も回って探し歩いたのである。

四日目、いよいよ見つからないので、乗物部屋にある乗物をすべて出し、その中を改めることにした。長局には乗物部屋が五か所あり、それぞれ七、八十も乗物が収容されていた。

大勢の人足が乗物部屋に入り、次々に乗物の上箱をはずし、油単《ゆたん》（湿気防止のための油をしみこませた紙や布）に包んである乗物をいちいち取り出して改めた。すると、二之側《にのかわ》乗物部屋の藤島という中年寄の網代鋲打《あじろびょうう》ちの乗物を開けた時、その中で全身血だらけになった部屋方の死体があった。

部屋方は、乗物の中であおむけになり、局所をあらわにしていた。乗物の中は血がたまって、体には全く血が残っていない状態だった。

さっそく、奥詰医師が長局に呼ばれ、検死した。血はすでに黒くなっていたから、よほどの時間がたっていることは想像されたが、いつ殺されたかは分からなかったという。

迷宮入りとなった大奥での殺人事件

大奥内での殺人事件ということでは外聞も悪く、まず生きていることにして、駕籠に乗せ、宿元《やどもと》（身元引き受け人）に戻した。病気ということで宿下がりさせ、宿元で死んだということにするのが、こういう場合の慣行だった。

女中たちの噂《うわさ》では、この部屋方は、普段、とかくうっかりした様子の人で、たぬきに魅入られたのではないか、ということだった。大奥にはとにかくたぬきがたくさんいて、よく出没していたという。そのことから起こった噂である。

乗物部屋は、入り口が二つずつあったが、丈夫な錠前がかけられていて、日々、封印もあった。そのうえ、乗物には外箱が付いているのだから、その中に人を入れて殺すなどということは、常人のわざではない。

結局、事件は迷宮入りとなり、ただ大奥の怪談として言い伝えられることになった。もちろん、しばらくは大奥女中たちは恐怖にかられ、夜は誰一人、長局の廊下にさえ出ようとはしなかったという。

大奥での事件処理とは……

こうした事件の時、長局には大勢の人夫が入ってきて、捜索する。女手では無理だからである。その心付けは、その部屋方の主人であるおりうがすべて負担し、ずいぶんな物入りだったという。現在と違って、事件であっても、その費用は当事者が負担することになっていたのである。

また、乗物をだめにした中年寄の藤島も、乗物を新調した。網代鋲打ちの乗物は中級程度の品であるが、それでも二十両前後の出費となった。藤島も、とんだ災難だった。

こうした不思議な事件は、大奥でしばしば起こり、怪談となって残っている。行方不明になった女中の死体が天守台から落ちてきたこともあり、いじめにあった女中が井戸に飛び込んで死んだということもあった。

しかし、すべての事件は、大奥限りのこととされ、表向きには、病気につき宿下がりという形で処理された。幕府内に不祥事などあり得ない、という建前があったからである。体面を重視する組織には、ありがちなことである。

第五章

処遇と処世の組織論

将軍家と天皇家との縁組

将軍家にふさわしい縁組

江戸時代においては、将軍さえも組織人として、勝手の許されない慣行が数多くあった。たとえば、徳川将軍家は、どのような家と婚姻関係を結んだのであろうか。

普通に考えれば、武家の最高の家柄である徳川家の相手としては、天皇家がふさわしい。しかし、十五代に及ぶ徳川将軍の中で、皇女を正室に迎えたのは、十四代の家茂《いえもち》のみである。有名な和宮降嫁《かずのみやこうか》というのはこの時代のことで、和宮は孝明天皇の妹で先代の仁孝《にんこう》天皇の皇女だった。

実は、それ以前にも、一度皇女降嫁が計画されたことがある。七代将軍家継《いえつぐ》と霊元上皇の皇女八十宮《やそのみや》との縁組である。和宮の降嫁が、権威の揺らいだ幕府が朝廷の権威を借りるために策した政略結婚であり、尊王攘夷《そんのうじょうい》派の激しい批判があったことは有名だが、八十宮との縁談も、父家宣《いえのぶ》の死によってわずか四歳で将軍となった家継の権威をつけるために計画されたことだったとされている。

正徳六（一七一六）年初頭には結納《ゆいのう》が行われたが、四月晦日《みそか》に家継が死去したため、降嫁は実現しなかった。当時三歳だった八十宮は、前将軍の婚約者として一生独身で通すことを余儀なくされた。

もっとも皇女が結婚することの方がまれで、多くは剃髪《ていはつ》して門跡寺院に入り、一生を送った。これは、皇女という高い身分が災いしたためである。皇女の結婚相手として許されたのは宮家（世襲親王家）か摂家だけだった。

江戸時代、宮家は、伏見宮、桂宮、有栖川《ありすがわ》宮、閑院宮の四家しかなく、摂家も近衛、鷹司《たかつかさ》、九条、一条、二条の五家しかなかった。そのため、これらの家に年頃の男子がいない時は、結婚相手が存在すらしなかったのである。皇女が結婚できるのは、幸運だったと言ってよい。

縁組の相手は宮家か摂家

徳川家は、皇女の相手としてはふさわしかったが、二代将軍秀忠の娘和子《まさこ》（東福門院）

を後水尾《ごみずのお》天皇に入内《じゅだい》させ、二人の間に生まれた皇女を天皇の位につけたことから、後水尾天皇は、皇女を徳川家に嫁がせることを嫌ったという。徳川家の方でも、将軍権威は確立していたため、ことさらに皇女との結婚を求める必要はなかったから、両家の結婚は、非常事態の時だけとなったのである。

しかし、武家の最高の家柄である以上、結婚相手はどの家でもいいというわけにはいかない。大名家の娘を相手に選ぶと、その大名家の発言力が増し、老中らにとっては不都合であることから、候補は最初は摂家、次いで宮家が好まれるようになった。

江戸幕府成立以後に成人した最初の将軍である三代家光は、関白鷹司信房の姫君を娶《めと》った。ただし、これは形式だけのことで、その姫君は本丸大奥には居住せず、ほとんど捨て置かれた。

四代家綱は、伏見宮貞清親王の姫君を娶った。初めての皇族との結婚には、京都にあった叔母東福門院の仲介があったという。

五代綱吉は、左大臣鷹司教平《のりひら》の姫君、六代家宣は後の関白太政大臣《だいじょうだいじん》(当時、左大臣)近衛基熙《もとひろ》の姫君を娶ったが、この二人は将軍の嫡子《ちゃくし》として結婚したわけではないから、少し事情が異なる。御三家を始めとする徳川家一門も、縁組の相手は宮家か摂家を選んでいた。

皇女との縁組が初めて実現した家継

そして、先に述べたように、家継にいたって皇女との縁組が実現するのである。

この時、大きな働きをしたのが、家宣の正室だった天英院と、家継の実母である月光院の二人の母である。

天英院は、摂家筆頭の近衛家の姫君であり、将軍家御台所（正室のこと）であったため、家宣死後、従一位に叙せられ、「一位様」と呼ばれていた。また、月光院も将軍の生母として従三位に叙せられていた。この位階は、天皇や上皇に拝謁《はいえつ》できる格式である。二人は霊元上皇に、手紙を送って、ぜひ皇女降嫁をと願ったのである。

この縁組は、もちろん政略結婚であるが、江戸時代においては政略結婚というより、いかに家格にふさわしい相手を選ぶかという意識だったと思われる。いかに皇女を娶ったとしても、そのことによる政治的効果がそれほどあったとは思えないからである。幕末の家茂の時代とは事情が異なるのである。

しかし、天英院と月光院の気持ちは、よく理解できる。恃《たの》みとする家宣を失った彼女らにとっては、幼児ながら家継だけが支えだった。家継のために、最高の縁組をという感情は当然出てくるであろう。

近衛家出身の天英院の母は、後水尾天皇の皇女品宮《しなのみや》である。霊元上皇は叔父にあたる。ほかの人ではできない願いも、天英院なら可能である。

こうした天英院の願いを聞いた老中たちも、家継をもり立てるためには最高の縁組だと感じたことであろう。それがこの縁組を実現した政治力学だった。

霊元上皇の方でも、幕府との関係を深めたい事情があった。それは、ほかならぬ天英院の父近衛基熈との確執によるものだった。霊元上皇は、幕府御台所の父として権勢を誇る基熈を好ましく思っていなかったのである。

関白基熈をめぐる憎悪と嫉妬《しっと》

霊元上皇は、名実ともに朝廷の第一人者だった。しかし、その霊元上皇が京都の下御霊《しもごりょう》神社に奉納した願文は、次のように衝撃的なものである。

朝廷は、年々しだいに翳《かげ》りが出ており、嘆かわしいこと限りない。これは、私曲邪佞《じゃねい》の悪臣の執政がすでに三代にわたって続いているためである。早く神の正直の威力でもってかの邪臣を退け、朝廷復古のことを守ってください。

この「私曲邪佞の悪臣」とは、関白近衛基熙を指すというのが有力な説である。基熙は、左大臣・関白として後西《ごさい》、霊元、東山の三代の天皇に仕え、またその娘は六代将軍家宣の正室天英院であって、幕府の信頼も厚く、朝廷内でも権勢をふるっていた。霊元上皇にとって基熙は、目の上のこぶのような存在だった。

基熙は、関白になるにあたって、一条兼輝《かねてる》に先を越されるなど悔しい思いをした。また、妻品宮（後水尾天皇の娘で霊元上皇の姉）との間にできた娘熙子《ひろこ》（後の天英院）に徳川家一門である甲府家との縁談があった時、近衛家では武家との婚姻は内々禁じられていると拒絶しようとしたが、周囲から説得され、熙子を内々平松時量《ときかず》の養女として無念の思いで嫁がせたということもあった。

七代将軍と皇女との縁組の葛藤《かっとう》

しかし、平松時量の養女としたというのは、表に出る話ではなかったので、熙子の嫁いだ綱豊が五代将軍綱吉の養君（将来将軍となる養子）となり、将軍家宣となると、将軍の岳父として幕府からも重んじられることになった。

家宣は、摂家から正室を迎えたこともあってか、京都や朝廷に対するあこがれの念が強く、朝廷を尊重し、幕府の儀礼を整備した。幕府大奥にも京都風のしきたりが持ち込まれるようになった。基熙は、家宣が将軍になった宝永六（一七〇九）年、江戸時代初めての太政大臣に任じられ、翌七年四月から正徳二（一七一二）年四月まで江戸に滞在し、幕政や有職上の諮問《しもん》に応じたりもした。

こうしたことから、霊元上皇は、義兄である基熙に嫉妬《しっと》し、憎むようになったのである。ところが正徳二年十月十四日、家宣が五十一歳で急死し、わずか四歳の鍋松（家継）が将軍になると、鍋松の縁組相手として霊元上皇の皇女をいただきたいという懇願が天英院らからなされた。

霊元上皇にとっては、基熙の幕府への影響力を減じさせ、自己の権力を高める千載一遇のチャンスだった。「公武御合体のため珍重」と大歓迎で、二歳になる八十宮との婚約を認めた。

おさまらないのは、公武の縁組を好ましく思っていなかった基熙である。霊元上皇が皇女降嫁《こうか》を即座に決めたことに仰天し、日記に「末代の事、歎息《たんそく》の旨《むね》なり（末代まで祟《たた》ることで、歎息するほかはない）」と不満と落胆を書き付けた。

このように、家継と八十宮の縁組にも、水面下では様々な葛藤があったのである。

基煕が幕府との縁組に反対した理由

霊元上皇が幕府との関係を強めようとして八十宮降嫁を認めたのは理解できるとして、幕府で重きを置かれた基煕が、なぜこの縁組に反発したのだろうか。

おそらくそれは、岳父後水尾天皇の無念の思いを受け継いだからであろう。

後水尾天皇は、二代将軍秀忠の娘和子を娶《めと》った。意にそまぬ結婚だったかもしれないが、天皇として幕府との強いつながりが必要だったのである。

その頃の幕府は、朝廷を統制しようとしていた。禁中並公家諸法度《はっと》で天皇や公家の行動に制約を加え、後水尾天皇が許可した高僧への紫衣《しえ》を剝奪《はくだつ》するということもあった。

後水尾天皇は、これを契機に、病気を口実に幕府の許可なく譲位《じょうい》した。そのため、後水尾天皇と和子の間にできた皇女が即位した。江戸時代初めての女帝明正《めいしょう》天皇である。

この「紫衣事件」をめぐる確執から、五摂家筆頭の近衛家も武家との関係を好まず、三代将軍家光には鷹司家と縁組が結ばれた。しかし、江戸に下った鷹司信房の娘は、家光の特殊な性癖もあって将軍家正室として重んじられることなく、不遇な一生を送った。

こうしたこともあって、近衛家は、将軍家と縁組を結ばないことを家訓としたのである。

そういう意味では、基熙が幕府の顧問的存在になったり、霊元上皇が皇女降嫁を歓迎したりという動きは、江戸幕府成立期の朝幕関係とは隔世の感がある。時代が進むにつれて社会秩序が重視されるようになり、日本の最高の家柄であった天皇家や摂家が、幕府からさえ尊重されるようになったのである。

こうした天皇の位の権威の向上は、両者の力関係の変化からではなく、天下泰平の時代が長く続いたことからもたらされたと考えた方がいいと思う。

出向した旗本の待遇

徳川家の直臣《じきしん》の扱いだった出向

江戸時代の譜代大名や旗本にも、出向というものがあった。

古くは、御三家の付家老《つけがろう》がある。これは、徳川家康が、年寄（後の老中）クラスの者を自分の息子の補佐役として付けたものである。尾張徳川家の成瀬・竹腰《たけのこし》の二家、紀伊徳川家の安藤・水野の二家、水戸徳川家の中山家が「五家」と称され、三万石前後の知行を受け、徳川家の直臣扱いで、しかも城主大名として遇せられた。

しかし、これらの家は、世襲の付家老となり、幕府の要職にのぼる道は閉ざされていたから、それほどありがたい話ではなかったかもしれない。

八代将軍吉宗の子が創始した田安家・一橋家、九代将軍家重の子が創始した清水家の御《ご》三卿《さんきょう》には、旗本が出向した。

御三卿の家老は、出向とは言っても幕府の役職として勤める形となっていた。町奉行や勘定奉行とほぼ同格で、その後、大目付などの幕府の役職に復帰した。

番頭や勘定奉行などのクラスの御三卿家臣には、もっと下位の幕臣が出向した。これを当時の史料では「御附《おつけ》」という。

勘定奉行に出世した旗本

延享四（一七四七）年正月、一橋家の勘定奉行として出向した矢葺《やぶき》三郎左衛門は、家禄《かろく》わずかに三十三俵二人扶持の旗本で、幕府では百五十俵高の御勘定（旗本）を勤めていた。家禄三十三俵と言えば御家人であるから、御目見得以上の御勘定に昇進したということは、能力があったのだろう。

実際、矢葺は努力家で、長い幕府勤めの中で徐々に昇進してきたものだった。

宝永二（一七〇五）年、十八歳の時、幕府の細工所同心として召し出された。

細工所は、江戸城中の建具や道具類及び高札・下馬札などのことを司《つかさど》る幕府の工房である。頭は若年寄支配、二百俵高・役料百俵の旗本であるが、五十人ほどいる同心は、三十俵二人扶持の職人相手の下級役人である。

矢葺は、享保十五（一七三〇）年、御賄方《おまかないかた》に異動となった（この時四十三歳）。御賄方は、御膳所に魚肉、蔬菜《そさい》などの食料品を調達する部署である。矢葺はここでも出精して勤め、二年後には御賄組頭に昇進した。

元文二（一七三七）年には支配勘定に異動した。矢葺はすでに五十歳になっていた。支配勘定は、御目見得以下の役職で、勘定所のいわばヒラ職員だが、矢葺はいよいよ職務に励んだ。そして延享元（一七四四）年二月、五十七歳にしてついに御目見得以上の役である御勘定に昇進したのである。

このようなこれまでの努力が見込まれ、矢葺は一橋家に勘定奉行として出向を命じられたのだろう。

ただ、これには次のような事情もある。

若手の御勘定は、以後、代官や勘定組頭へとのぼっていき、布衣《ほい》役である勘定吟味役や勘定奉行にまでものぼる可能性がある。しかし、当時、六十歳になっていた矢葺には先がない。それよりは、これまでの経験を生かして、一橋家で力を振るわせた方がいいという上の者の判断である。

一橋家勘定奉行の役高は二百俵で、幕府から給与されたが、それに加えて一橋家からも二百俵の知行が与えられた。合計四百俵、幕府の御勘定時代の百五十俵から言っても倍増以上の手当である。

矢葺のため、幕府に嘆願書を上げた出向先の主君

矢葺は、一橋家へ出向して九年間、一橋家勘定奉行の座にあった。そして六十九歳になり、老齢のため引退することになった。

しかし、ここに問題が生じた。一橋家勘定奉行を辞めれば、一橋家からの手当はなくなり、幕府からの足高《たしだか》もなくなって、家禄の三十三俵二人扶持に戻ってしまう。

これを気の毒に思った一橋家家老河野長門守《ながとのかみ》と遠藤伊勢守は、連名で、これまで粉骨努力してきた矢葺のため、幕府に嘆願書を上げた。

「(矢葺は)御附に命じられてから、一橋家の財政向のことを、諸事やり方から改め出精して勤め、特に屋敷が火事で焼失して以来、特に骨を折った者なので、なにとぞ相応の御加恩を下されるようしていただきたいと、刑部卿《ぎょうぶきょう》殿(一橋宗尹《むねただ》)が願われています。幕府の財政の困難な折にこのような願いはどうかとも思われますが、右のように出精してきた者の事ですので、御附人の励みにもなるようにしていただきたく、偏《ひとえ》に相願います」(辻達

也編著『一橋徳川家文書』）

矢葺の粉骨ぶりは、主君の宗尹も認めるところだったのである。

側用人《そばようにん》大岡忠光を通じて老中に願い、当時側衆だった田沼意次《おきつぐ》にも運動するなど、一橋家が力を入れた嘆願だったためか、幕府は、矢葺の家禄を百俵に引き上げた。

それというのも、矢葺の一橋家での働きが並みのものではなかったからであろう。与えられた持ち場で一生懸命勤めたことによって、矢葺は自分の運命を切り開くことになった。家格がものをいう江戸時代であるが、こうした地道な努力によって昇進を果たし、家格を上昇させたものがあったことは特筆されてよいことだと思う。

甲府勤番は不良旗本の溜《たま》り場

守備が手薄だった甲府

武田信玄の城があった甲府は、江戸幕府成立後、重視された徳川家の領地である。甲州は、三代将軍家光の三男綱重に与えられ、綱重の子、綱豊が六代将軍家宣《いえのぶ》になると直轄地《ちょっかつち》に編入された。

その後、五代将軍綱吉の時に側用人《そばようにん》を務めた柳沢吉保《よしやす》の子、吉里に与えられるが、吉里が大和郡山《やまとこおりやま》へ転封《てんぽう》となると、再び直轄地となり、以後は大名に与えられることはなかった。甲州の幕府直轄地は、甲府、市川、石和《いさわ》、谷村《やむら》に代官所が置かれ、代官によって年貢《ねんぐ》が徴収された。

しかし、代官はせいぜい二百俵クラスの下級旗本で、代官所は代官に付属する手付、手代といった少数の事務員で業務がなされた。軍事力はおろか、警察力すらほとんどなかった。

甲府には府中城があったから、ここを守備する必要があった。そのため、旗本が勤番の形で派遣されることになった。

責任者は、甲府勤番支配といい、二名の比較的大身《たいしん》（家禄《かろく》の多い者）の旗本が任じられた。この役は諸大夫役《しょだいぶやく》で、役高三千石、席次は遠国奉行の上とされた。甲府に居住するため、引っ越し拝借金三百両が給付され、役知（役を務めることによって与えられる知行）が千石付いた。

つまり、家禄千五百石の旗本が甲府勤番支配になれば、在職中は、家禄千五百石のほか役高との差額千五百石と役知の千石が加算され、四千石の知行となるのである。

甲府勤番を勤めたのは無役だった旗本

問題は、その下の甲府勤番である。

もともと甲府勤番は、享保九（一七二四）年、八代将軍吉宗の時、小普請組《こぶしんぐみ》支配有馬内膳（従五位下出羽守《でわのかみ》に叙任）と、奥津能登守を甲府勤番の頭（後の甲府勤番支配）とし、その配下の小普請（無役の旗本）から五百石以下、二百石以上の者八十余人とそれ以外の小普請から百十余人、合わせて二百人を甲府勤番に命じ、甲府に派遣した。

勤番の旗本は二組に分けられ、組頭が二人ずつ置かれた。組頭の役料は三百俵である。最初派遣された者には、両番（書院番と小姓組番）家筋の者もあれば、大番家筋の者もあり、それ以外の家筋の者もあった。

つまり、当初は、たまたま小普請でいた者を任じたというものだったのである。そのため甲府勤番は、幕府の役職としては珍しく、きちんと格式が整ったものではなかったと言える。

無役であった旗本にとっては、役が付いたのだからありがたい話だったかもしれない。しかし、ふだん江戸で暮らしている旗本にとって、甲府に赴任することはたいへんな負担であった。

そのためか、甲府勤番には、旗本の中では何かと問題のある者が任じられるようになった。

甲府勤番を命じられた問題のある旗本たち

『古事類苑』という明治時代に編纂《へんさん》された歴史辞典に引用された「仕《し》官格義《かんかくぎ》弁《べん》」という史

料には、「甲府勤番は、たとえ幼年・老人・病身など番を勤めがたい者であっても、やはり甲府勤番と呼ばれるのはどうしてか」という質問が収録されている。

これに対して、「病気や幼少などのため番を勤められない者は、ただ小普請の者が甲府に暮らしているというだけで、甲府勤番を勤めているわけではない」という回答がなされているが、実態はそういう者が甲府勤番には多かったことが推測される。

江戸時代後期には、甲府勤番は不良旗本の溜り場になっていた。

例えば、遊廓《ゆうかく》などに入りびたっている旗本が借金だらけになる。吉原の亭主が返済を督促しても、一向に返そうとしない。仕方なく町奉行所へ訴え出ると、旗本は用人などを出頭させ、「自分の主人は吉原などへは行かない。別人が主人の名をかたったものだろう」などと返答する。

江戸時代、旗本の身分は高く、町奉行もその旗本を直接審理することはできないから、結局、うやむやになる。

しかし、そうしたことを繰り返すと、幕閣の知るところとなり、甲府勤番を命じられる。甲府に行けば、借金の返済などは迫られないので、その旗本は嬉《うれ》しそうに赴任する。しかし、妻子は、江戸から離れることを嫌がったという。

このため甲府勤番は、府中城を守る重要な番であるにもかかわらず、こうした不良旗本の溜り場になっていたのである。

慶応四（一八六八）年、鳥羽伏見の戦いで旧幕府軍が新政府軍に敗北した後、江戸に戻った新撰組の近藤勇は、大久保大和と名を改め、新撰組の残党とともに甲陽鎮撫《ちんぶ》隊を組織して甲斐に向かった。これは、旧幕府の甲府勤番がまったく無力な存在だったためだった。

役職につかない幕臣の上納金

家禄《かろく》（給料）と小普請金《こぶしんきん》（税金）

武士の家禄は、家につく給料のようなものだから、役職につくかどうかにかかわりなく給付された。

幕臣の場合、役職についていない、いわゆる無役の旗本・御家人を「小普請」といった。ただし、三千石以上の上級旗本や町奉行などの重要な役職を務めて隠居した旗本は、「寄合《よりあい》」といって別格の扱いだった。

小普請は、罪があって役職を解任された者もいたが、もともと旗本・御家人の数の方が役職や番方の人数よりも多かったので、心ならずも小普請の地位に甘んじている者もいた。幕臣である以上、家禄は保証されたが、「小普請金」と称される上納金を納めなければならなかった。

小普請金の制度が始まったのは、元禄三（一六九〇）年からである。前年十二月、旗本へ次のような布告がなされている（「令條秘録」七）。

一、来午《うま》年より小普請人足の金高上り候間、其意《そのい》を得られ、御金奉行衆へ上納これあるべく候。縦御扶持方《たとえおふちかた》にても、二拾俵より上は小普請金出し候間、是又《これまた》其意を得らるべく候。

——来年から、これまで小普請人足を出していた分の金額を上納させるので、その旨《むね》を了承し、御金奉行衆へ上納しなさい。たとえ御扶持方で給付されている者であっても、二十俵以上の者は小普請金を上納することになっているので、これも了承しなさい。

それまで無役の旗本は、「御役人足」といって、江戸城の軽微な修復などのため人足を出していた。それが元禄三年からは廃止され、その代わりに金で上納するよう命じられたのである。

人足の代わりの小普請金制度

本来、家禄は、主君に奉公する代償として保証されているものである。役職を務めることは、主君に対する奉公だから、役職がない者はただで給料をもらっていることになる。そのため人足を出したのだが、おそらくこの頃になると自分で人足を調達するのも困難になり、お金で出させた方が、負担が軽くなるという事情があったものと思われる。

このため、小普請金の徴収は、できるだけ公平になるようにかなり細かい規定となっている。

小普請金は、百石につき金二両ずつと説明されることが一般的だが、これは五百石以上の旗本の場合である。五百石未満の者の負担は、これよりも軽かった。

まず、二十俵までの低い家禄の者は小普請金を免除された。

さて、二十俵より五十俵までは、金二分（二分は一両の四分の一）ずつ、五十俵から百俵までは金一両ずつである。つまり、御家人の場合はそれぞれ定額を上納したということになる。

ちなみに、二十俵というのは、幕府の米蔵から二十俵の米を給付される幕臣で、知行の石高に直すと二十石に相当する。一俵は三斗五升入りで、一石の領地から取れる年貢《ねんぐ》の額に相当したからである。ちなみに、幕臣のうち将軍に御目見得できる格である旗本は、おおむね百俵以上の家禄であり、知行地（石高で表示される）で家禄を持つ者が多い。

百石以上の者は、百石につき金一両二分であり、四百石なら六両上納する必要がある。

そして、五百石以上になると、百石につき金二両ずつ上納することになる。

つまり、高禄の者ほど小普請金の負担は相対的に軽くなるので、上納の割合を高くしているのである。その意味では、下層幕臣の負担を少しでも軽くしようとする意図が見える。

小普請金は、七月に三分の一、十一月に三分の二を納める。蔵米《くらまい》の支給は二月に四分の一、五月に四分の一、十月に二分の一だから、もらった給料の一部を返納するようなものである。

知行百石の収入は金に換算すると約三十五両だから、一両二分は四・三パーセントである。現在の消費税よりも少ない。旗本にとっては、たいした負担ではなかった。

ただし、一万数千人いる旗本・御家人のうち、小普請は十七世紀前半では三千百八十四人、その総額は金三万四千百九十両と銀八貫三百八十六匁《もんめ》六分（銀六十匁を金一両として換算すると百四十両）、つまり、金三万四千三百三十両もの大金が幕府に入ることになる。

安永四（一七七五）年では、金二万両ほどに減少しているが、これは幕府の役職が増加したためだと推測される。

役職のない者も、少額の負担で、保証された地位

幕府の歳入は、十八世紀初頭で七十八万両、十九世紀初頭では百十万両ほどである。その意味では、小普請金は二パーセントほどだが、歳出の三分の一強は幕臣の蔵米・扶持米《ふちまい》等の固定費であり、作事方の入用が七千両ほど、町奉行所経費が二千両ほどということを考えれば、それなりの額だったと言える。

つまり、恒常的に財政赤字に悩まされていた幕府にとって、小普請金は必要不可欠な歳入の一つだった。しかし、現代なら、役職のない者は解雇される。この程度の負担で済んだということは、幕府が家臣の地位を保証していたということである。

勤向格別な者への手当金

一律だった武士の俸禄《ほうろく》

江戸時代の武士には、家禄《かろく》という代々支給される俸禄があり、これによってそれぞれの職務を務めていた。八代将軍吉宗以後、役職の基準高を定め、家禄がそれ以下の者が役についた時は、差額を支給された。

例えば、家禄五百石の者が、役高千石の徒頭《かちがしら》になれば、役職に就いている間は五百石の差額が支給される。しかしこれは、旗本でも中級以上の者を対象としたもので、下級の旗本や御家人（将軍に御目見得する資格のない幕臣）は、少ない家禄で代々同じ職務に従事する者がほとんどだった。

武士が俸禄の多寡《たか》を問題にすることは、上へ対する不敬であるし、そもそもお金のことを口にするのは武士として恥ずかしいことだという観念もあった。それぞれの持ち場で職務に励むのは上へ対する奉公であり、奉公である以上は誠心誠意勤めなければならない。これが武士の倫理だった。

しかし、いくら武士といっても、職務に励もうと怠けようと俸禄は変わらないのでは、役替えや昇進があまりない持ち場では、職務に励んでいる者とそうでない者に不公平が生じる。職務に励むモチベーションも高まらない。

寛政改革で見直された奉行たちの手当金

寛政改革を主導した老中首座松平定信は、こうした状況を変えるため、作事奉行以下、支配下の者を多く抱えるそれぞれの持ち場の責任者に対策を諮問《しもん》した。

諮問の文章には、「其方共《そのほうども》支配向《しはいむき》少給之もの共へ御手当」と書かれており、支配下の者のうち、少給の者を対象とした手当をどう考えるか、といった内容だった。

そしてその意見をふまえ、寛政四（一七九二）年閏《うるう》二月八日、奉行たちが部下へ与える手当金を使えるようにした。その額は、以下の通りである。

作事奉行　　金百五十両ほど
普請《ふしん》奉行　　金三十両ほど

小普請奉行　　　金百五十両ほど
賄《まかない》頭《がしら》　　　金百五十両ほど
膳所台所頭　　　金三十両ほど
表台所頭　　　金百五十両ほど

この手当金の使途は、以下のようにするよう命じられている。

「支配向のもの共《ども》勤め格別なるもの、且《か》つ変事打ち重なり取り続き御奉公勤めかね候類、夫々《それぞれ》心を取り用い勘弁の上、御褒美《ほうび》又は御手当拝借等にても遣わし度《たく》存じられ候節々、同役相談の上御手当いたし遣わし候様取り計《はから》はるべく候。尤《もっと》も、その度々申し聞《き》けらるべく候」

つまり、支配下の者の中で、勤務状態が格別に良好な者、あるいは家庭などに不幸が重なって勤務が続け難い者を対象に、褒美や御手当金、あるいは拝借などを許そう、というのである。そのため、奉行や頭が支配下の者の状態をよく把握し、支給する時には同役で相談の上で与えるようにせよと命じている。

もちろんこれは、責任者が自由に使っていいということではなく、同役との相談が必要で、遣わすたびに報告することが義務づけられていた（「尤も、その度々申し聞けらるべく候」)。

勤務が格別に良好な者にとっては励みになり、家族に病人などがいて勤務が困難な者にとっては、拝借金を許されることはありがたいことだっただろう。

褒美や拝借を許すことで保たれた武士のモラル

定信の目的は、下級幕臣の救済もさることながら、これに続けて書かれている文章に明確に示されている。

「然《しか》る上は、追々一統《いっとう》風儀取り直し、正道競い候様、教育専要の事に候」

褒美や拝借を許すことによって、以後は少給の幕臣がモラルを取り戻し、職務に励むよう教育せよ、というのである。

例えば、表台所では、幕臣に出す昼食を粗末なものにし、支給された材料費との差額を着服していた。作事奉行所や普請奉行所なども、業者との関係が深い役所だけに、不正が横行していただろう。

そうしたモラルの欠如を、まじめに働いている者には褒美をとらせ、やむをえず不正に手を染めている者には拝借を許すことで正しい道に立ち帰らせようとしたのである。

この手当金は、勘定奉行に相談して受け取ることとされた。つまり、これこれの手当を支給したいと勘定奉行に願い、判をもらって金奉行の所へ行き、幕府の金蔵からお金をもらうという手続きが取られたものと考えられる。

もちろん無制限というわけにはいかないので、例えば作事奉行所だと百五十両ほどという総額が示されている。作事奉行は、支配下の者の状態をよく把握し、この範囲内でこの手当金を有効に使うよう配慮せよということである。

武士、あるいは役人としての倫理は、それまでも強調されていた。しかし、それだけではなく、勤務良好の者への褒美や困窮している者への拝借のための予算を計上しようという定信の方針は、ずいぶん現代的な対処法で、武士のメンタリティーがわれわれと近いものになっていることを感じさせる。

組織を守るための手段

刀を抜かない勇気

江戸時代の諸藩は、どの藩も名誉を重んじた。そのため、藩士の行動には絶えず注意を払い、藩士が江戸の町人や他藩の武士と紛争をおこさないよう教諭していた。

笑い話のようなものであるが、こういう話がある。

ある藩では、藩主が参勤交代で江戸に出てきている藩士に、立派な刀を差すように命じていた。

藩士の一人が、江戸で遊山《ゆさん》している際、ならず者の町人にからまれた。喧嘩《けんか》などになってはつまらないと思い我慢していたが、図にのった町人は、

「これほど言われても刀が抜けないのか」

と愚弄《ぐろう》した。ついにその藩士は刀に手をかけ、相手と周囲の者たちは息をのんだ。その

すきに、藩士はその場から走って逃げ去った。

その噂《うわさ》を聞いた家老は、この行動が武士にふさわしくない臆病《おくびょう》な行動の可能性があるとしてその藩士を穿鑿《せんさく》した。しかし、その藩士は次のように弁明した。

「その町人を斬《き》り捨てることはたやすいことでしたが、その時拙者は家宝の刀を差しており、そのようなつまらない者のために刀を汚すのはどうかと思って逃げ帰ったのです」

家老から報告を聞いた藩主は、

「そのような時のために立派な刀を差すように命じていたのだ」

と大いに喜び、その弁明を認めた。つまり、その藩主は、町人を斬らないですむ口実を与えるために、立派な刀を差すように命じていたというオチである。

武士は、町人に愚弄されたりすれば、身分にかけて相手を斬り捨てなければならない。しかし、なんらかの口実が準備されていれば、それを避けることもできたのである。新渡戸《にと》稲造《べいなぞう》氏がその著書『武士道』に書いている「刀を抜かないのが勇気だ」というような教えも、同様の「口実」だったとも言えよう。

武士の責任の取り方

しかし、実際に不祥事があった場合は、悲劇が起こる。幕末、一橋家では、ある軽微な罪を犯した者に対して、次のような措置が取られた。当事者の一人でのちに幕臣となる本多晋の談話を聞いてみよう（『史談会速記録』）。

「其時《その》分の制度では、法則に触れた者は町奉行の手に渡して罪人にするが制度でありますが、一橋家の中からさういふ罪人を出すのは名誉に係はることであるから、町奉行の耳に入らぬ内に腹を切らした方が宜《よろし》いといふことになって私共検視（使）に参りました。其者は農兵であります。同輩どもが寄りまして、腹を切れと言ふが、農兵でありますから一向事理が分かりませぬ。私は死ぬ程の事はしませぬと言ふので、止むを得ずトウトウ寄って集《たか》って殺して仕舞いました」

藩士の中に法律に触れた者があった場合、町奉行に引き渡し、そこで然《しか》るべき審判を受けて罪に服するのが一般的な制度であった。

しかし、それでは一橋家の名誉にかかわる。一橋家は、親藩の中でも特に格の高い御三卿《ごさんきょう》で、しかも当時の藩主は後に十五代将軍となる慶喜である。その家臣の中から罪人を出すわけにはいかない。

そこで、事が町奉行の耳に達する前に、本人に責任を取らせてしまおうというのである。

武士の責任を取る手段は、「切腹」であった。これは、軽い罪であっても同じである。こういう切腹を「詰め腹」という。

現代に受け継がれる観念

このような責任の取り方は、武士にのみ当てはまるもので、事実、農民出身のその者は、「私は死ぬ程の事はしませぬ」と切腹を拒否した。この発言から見ても、せいぜい町人に狼藉《ろうぜき》を働いたとか無銭飲食をしたとかの「罪」だったのではないかと思われる。

しかし、武士である以上、それでは済まされなかった。本人が切腹を拒否するのであれば、同僚が強制的に腹を切らせるしかない。この農兵の場合は、同僚に殺され、上には切腹して果てたと報告されたであろう。

武士には、厳しい規律が要求された。たとえ軽微な犯罪であったとしても、それが自藩の名誉にかかわることであれば、切腹して名誉を守る必要があった。罪が露見する前に切腹すれば、自主的に自らを裁いたということでその罪はなかったことになり、子供への跡目相続も許される。そのため、武士は日常的に死ぬ覚悟をしていたのであるが、農民から取り立てられた農兵には、そのような武士の規律は理解を超えたことだったのである。

この事件に見られるように、江戸時代においては、藩、すなわち主君の名誉こそが大切で、それを守るためには家臣の命などいくら捨てても良いという観念があった。

そして現在でも、日本の組織には、その組織を守るために組織構成員のうちの誰かを切り捨てることが頻繁にあるように見受けられる。責任を負わせて無理矢理辞職させたり、あるいは罪を被《かぶ》って自殺したりするような事例である。江戸時代の武士のメンタリティーは、現在の組織人にも脈々と受け継がれているように見えてならない。

組織改革と慣行

賄賂《わいろ》政治による失脚

組織内での慣行は、トップが代わっても普通は変わらない。しかし、新しいトップに力があり、組織改革に燃えている時は例外である。

江戸時代では、三大改革と呼ばれる時代に、そういう変化があった。

三大改革は、八代将軍徳川吉宗による享保の改革、老中松平定信による寛政の改革、老中水野忠邦による天保の改革の三つを言う。

このうち、十八世紀末に行われた寛政の改革は、それまで賄賂政治を行っていた老中田沼意次が失脚した後を受けてのものだっただけに、社会に大きな変化をもたらした。

担当する松平定信は、吉宗の孫という血統を誇り、清廉潔白《せいれんけっぱく》で学識のある人物として知られていた。定信は、噂《うわさ》に違《たが》わず、それまで幕府内に受け継がれてきた悪《あ》しき慣行を是正していった。

特に、役職に登用される時、それまでは賄賂による工作が盛んに行われていたのに対し、人物本位の抜擢《ばってき》が行われるようになったことは大きな違いであった。

清き倹約の世の中

第一章でも取り上げた森山孝盛という旗本は、出世の望みを持ち、田沼家の遠縁であることを利用してずいぶん金品を贈り、ようやく小普請組支配組頭《こぶしんぐみ》（無役の旗本のとりまとめ役）という役職を得た。

ところが、定信の時代になると、孝盛の学識が高く評価され、何の工作もしないのに旗本中のエリートである目付に抜擢されることになる。

また、湯島（現・東京都文京区）にあった幕府大学頭《だいがくのかみ》林家の私塾を幕府公認の学問所とし、試験によって幕府役人を登用する道を開いた。

新しく役職に就いた場合の慣行も、大きく変化した。

それまで、新しく役職に就いた者は、同僚を招いて料理を振る舞わなければならなかった。また、泊番（宿直）の時には、酒や弁当を差し入れる決まりになっていた。

ところが定信の時代には、そうした慣行は禁止され、目立って質素になった。

定信によって小姓（将軍の側《そば》に仕える役）に抜擢された土岐大学という旗本は、予想に反して出費がなく、大いにありがたがっていた。

なぜかと言えば、小姓の場合は、初めての会合の時、同僚に豪勢な料理を振る舞わなければならないばかりか、遊廓《ゆうかく》にまで引き連れられていくこともあったのである。その支払いは、当然、新任の小姓だった。

ところが、定信の倹約令が出ていたので、初めての泊番の時、酒を二升、煮しめを一重と吸い物を差し入れするだけで済んだのである。酒二升ばかりでは一人に一杯も行き渡らないが、そういう指示が出ていたのである。

また、小姓は将軍の側近く仕える職なので、衣服なども格段に質の良いものを揃《そろ》える必要があった。

しかし定信が贅沢《ぜいたく》を禁止していたので、小納戸《こなんど》（将軍の物品を管理する役）の時のものがそのまま使え、わずかに袴《はかま》一つを新調するだけで済んだ。

「あまり不思議なほどに物入りがない」

というのが土岐の素直な感想であった。

濁り恋しき

一方、そのとばっちりを受けた者もいる。

備後福山藩主で老中を務めていた阿部正倫は、裃《かみしも》や着物などたいへん贅沢な支度をして江戸城に登城した。

すると、それを見た定信が、

「御時節柄、あまり結構なる御着服」

と咎《とが》めた。

倹約を命じている時期なので、もう少し質素な着物にするよう注意したのである。

しかし、阿部は、これに反論した。

「さようではありますが、拙者も十万石の知行を取る大名です。これくらいの服装は大したことではない。御構《おかま》い下されるな」

阿部は、他人の着服にまで文句を言う定信に腹を立てたのであろう。

しかし、これが問題となり、阿部は謹慎を命じられる羽目になった。

老中を務める大名でさえこのようなことになるのだから、幕府の役職に就く旗本たちが、咎めを受けないよう倹約に努めたのも当然である。

定信は、老中を六年務めた。しかし、初期には拍手喝采《かっさい》で迎えられた政治改革も、あまりに厳しく、細部にわたるものだったので、しだいに定信の評判は悪くなった。

「白河の　清きに魚も住みかねて　もとの田沼の　濁り恋しき」

というのが、政権末期にささやかれた狂歌である。白河藩主だった定信を揶揄《やゆ》したものであるが、よくできている。

内部告発の是非

主君より親族

江戸時代の武士の間でよく読まれた武士道書に、『明君家訓』がある。この書物は、八代将軍徳川吉宗に仕えた儒学者室鳩巣《むろきゆうそう》の手になるものである。

この書物の特徴は、明君（勝《すぐ》れた主君）が家臣に対して武士はどのようにあるべきかを説くという形式をとっていることである。

これによると、武士に第一に必要なのは、節義を重んじるということで、その内容は、「嘘《うそ》をつかず、私利私欲に走らず、心を素直にしてうわべを飾らず、作法を乱さず、礼儀正しく、上にへつらわず下をあなどらず、約束を違《たが》えず、人が苦しい立場に立った時は見捨てず、期待に違わず頼もしくあって、かりそめにも下々のつまらない話に加わらず、人の悪口などは言葉の端にも出さず、恥を知り、首を刎《はね》られたとしても自分がしてはならないことはせず、死すべき場に立った時には一歩も引かず、つねに義理を重んじて、その心は鉄石のごとく強く、また一面では温和慈愛で、もののあはれを知り、他人に情けある」

というようなものだった。

武士が、いかに理想的な人物像に近づこうとしていたかがわかる。

ただ、このような徳目は、人生のある局面においてはジレンマに陥ることがある。たとえば、親族や友人が不正行為を行っていることを知った場合、どのように行動するのが正しいか、というような問題である。

『明君家訓』では、そのような場合の心得が書かれている。主君と父母妻子兄弟のどちらを重んじるかについて書かれた部分である。

現代人から見れば、当然、それら血縁者よりも主君を大切にすべきだと説いていると思いがちだが、そうではない。『明君家訓』からその部分を引用してみよう。

「父母妻子兄弟その外親族の誰かが、藩の法を背き罪科があるということをよく知りながら、その者と親しい立場の者が藩に密告したとしたら、それは武士のあるべき姿とは思えない。また一門の者でなくても、平生特に親しく話しているような友人の場合でも、その友人を密告するようなことが武士として正しいとは思えない」

親族や友人を密告するような者は、武士としてふさわしくない、というのである。

武士的な感性

もちろん、「国法」に背き不忠を企てるような者をことさらに隠し置いたり、積極的に手を貸して罪を逃れさせようとすれば、処罰されることもある。反逆をたくらみ、主君を害そうとするようなことであれば、当然主君の味方をするべきで、友人を主君の上に置くべきではないからである。

しかし、そのような極端な場合であっても、子が親を密告するようなことはしてはならないと言う。

この文章は、次のような言葉で締めくくられている。よく味わうべき考え方だと思われる。

「たとえ父子兄弟であっても、罪人であれば申し出るようにと定めてこそ、余（主君）のためにはよいのだけれども、武士の風儀はそういうものではよくない。そうじて余の考えは、それぞれの武士が立てている義理をまげてまでも、余のために忠節をいたせとはまったく考えていない。余に背いたとしても、自分の義理さえ違えなければ、よいことだと思う」

親しい者を密告するような者は、武士の風上にもおけないというのが主君も含めた武士的な感性だった。

これは、密告という行為の中に、親族・友人を売って自分だけ助かろうという気持ちが透けて見えるからであろう。武士は命を惜しんではいけない。そのため、親族や友人が悪事を働いていたとしても見逃し、もし露見して自分も罪に問われるとしたら、堂々と罪に服すべきだという観念があったことがわかるのである。

主君でさえこういう考え方だとされているのだから、一般の武士は、密告などということは恥ずべきことだと考えるのが当たり前だった。仲間を密告して取り立てられた武士が、同僚から絶交を宣言されたということもある。

ただし、これは親族や友人の場合であって、上司のことではない。上司を密告しないというのは、義理のためというより、自分の保身のための場合が多い。

組織を思う義理

正当な内部告発は、社会正義のためだけでなく、その組織を健全なものにするために必要なことである。そのため政府は、内部告発者を保護し権利を擁護する法律を制定した。

しかし、日本では、社会正義より内輪の「連帯」の方を重視しがちである。人を陥れる匿名《とくめい》の怪文書や、自分だけが助かろうとする密告は非難されるべきかもしれない。往々にして内部告発には、そのような動機のものが多いからである。

ただし、組織を思い、組織を立ち直らせるための勇気ある内部告発ならば、自分の身の危険を冒してでも行うべきであろう。それこそが「義理を重んずる」真の武士につながる態度だと思う。

いじめがもたらした重大事件

仁義とねたみ

いじめが原因で、中学生や高校生が自殺する事件があり、社会問題になるが、いじめは大人の世界にもある。組織の中で目立つ者がいると、なんとなく目障《めざわ》りでいじめてしまうというゆがんだ大人も増えているのかもしれない。

実は江戸時代の武士社会にも、いじめはあった。いじめが原因となった有名な事件に、文政六（一八二三）年に起こった西丸騒動がある。

この事件は、旗本（一万石未満の将軍の直臣《じきしん》）松平外記《げき》が、同僚のいじめにキレて、三人を惨殺《ざんさつ》、二人に重軽傷を負わせ、自らも切腹して果てたものである。

外記の父頼母は、将軍家斉の世子である家慶の身の回りの持ち物を管理する西丸御小納《おこなん》戸《ど》頭取を務めるエリート旗本である。

外記は、父が現役のうちに召し出され、二十歳の時西丸書院番士となり、三百俵を与えられた。当時三十三歳だった。

書院番は、本丸と西丸にあり、西丸の方は世子の身辺警護にあたる職務である。幕府の要職は、書院番や小姓組番の番士を務めた者で占められているので、外記も前途有望な旗本だったといえる。

文政六年四月、世子家慶が駒場野《こまばの》に鷹狩《たかが》りすることになり、松平外記は拍子木役《ひょうしぎ》に抜擢《ばってき》されることになった。

弁当に馬糞《ばふん》

鷹狩りの時、書院番や小姓組番の番士は勢子《せこ》となって鳥を追い出す役を務めるが、拍子木役とはその勢子に拍子木で合図する役である。いわば、同僚に対する指揮権を与えられたようなもので、非常に晴れがましい役目だった。

このことが、同じ組の先輩たちには気に障った。外記の父が西丸御小納戸頭取という要職を務めていたことから、その七光りで外記にこのような栄《は》えある任務が回ってきたのだと思ったのである。

そのため、外記が先輩宅に吹聴（役を命じられたことを挨拶《あいさつ》に行くこと）に行った時も愚《ぐ》弄《ろう》したり、組の者を招いて宴をはろうとした時も、応じなかった。先輩を立てて役を辞退するよう勧める者もあった。誇り高い旗本にとって、名誉な役を後輩に奪われるというのは腹に据えかねることだったのである。

駒場野鷹狩りの予行演習として行われた鼠山御稽古《けいこ》の時、外記は、ちょっとした不手際《ふてぎわ》を帳役（記録係）の同僚本多伊織からあしざまに番頭に報告されたため、拍子木の役を免じられた。一説には、先輩や同僚のいじめに堪《た》えかねて、自ら拍子木の役を退いたともいう。

いじめの内容は、外記が拍子木を鳴らしても動こうとしないとか、外記の持参した弁当に馬糞を入れたとか、とにかくとてもいい年をした旗本がやるようなことではなかった。外記は、その後、病気だと称して引き籠《ひこ》もり、二十一日の駒場野の御成にも欠席した。翌二十二日、外記は、当番だったため西丸に出仕した。

武士らしからぬいじめ

先輩たちのいじめはまだ続いており、その日外記が差していた脇差《わきざし》の拵《こしら》えを愚弄したらしい。

我慢できなくなった外記は、西丸多聞櫓《やぐら》二階の休息所で休んでいた時、書き物をしていた本多伊織の首を打ったのを皮切りに、三人の同僚を斬殺《ざんさつ》し、二人に重軽傷を負わせた。

その後、外記は、二階から一階に降り、腹に脇差を突き立て、さらに土間へ下りて咽《のど》を突いて絶命した。

その日は、外記の父頼母も当番で、西丸へ出仕していた。事件を聞いた頼母は、外記がいさぎよく切腹したことを知り、

「さてさて安堵《あんど》致したり」

と言ったという。武士らしい立派な態度だったが、内心は苦渋に満ちた思いがあったことだろう。

事件後、大勢の関係者が処分を受けた。外記が切腹するまで、誰も取り押さえることができなかったからである。

外記の上司である西丸書院番頭や当番の目付を始めとして、関係する者には「御役御免差控（役職を罷免《ひめん》され謹慎）」が命じられ、いじめをしていた者たちには、改易（知行の没収）や「御番御免（番から外される）」が命じられた。

ただ、加害者の外記に同情すべき点はあったので、外記の嫡子《ちゃくし》栄太郎は、事件のため隠居を命じられた祖父頼母の養嗣子として、松平家の家督相続を許された。

武士道書の多くは、武士は普段の言動に気を付け、できるだけ無益な争いを避けるよう教えている。この事件でも、一人だけが外記に面と向かって意見を言ったのなら大した問題にはならなかっただろう。衆を頼んで気に入らない者をいじめるという武士らしくない態度が大事件を引き起こしたのである。現代人も我が身を振り返って反省する必要があるかもしれない。

第六章

組織人としての田沼意次《おきつぐ》

――出世と組織の関係を考える

田沼意次評価の変化

低い身分から取り立てられ、老中に栄達し、賄賂《わいろ》政治をほしいままにした政治家、というのが、田沼意次の一般的な評価である。

徳川吉宗、松平定信、水野忠邦が推進した政治は、それぞれ享保の改革、寛政の改革、天保の改革と称されて、評価はさまざまではあるものの改革政治として特筆されている。一方の意次の場合は、せいぜい「田沼の政治」と言われるだけである。

もっとも、改革とは、将軍が「改革」を仰せ出されて行うものだから、いわば公的な権威付けがある。意次の場合は、なしくずし的に行われた政治だったから、「改革」と言われないのは仕方がない。しかし、六代将軍家宣の侍講《じこう》であった儒者新井白石の政治は「正《しょう》徳《とく》の治《ち》」として賞賛されているのだから、この面でも意次の評価が低いことがわかる。

大石慎三郎氏は、意次の政治が悪く言われる史料的根拠を再検討し、それらが一次史料として使うにはふさわしくないものであることを示し、意次の再評価を提言した（『田沼意次の時代』岩波書店）。

大石氏は、賄賂政治が意次の責任だけには帰せられないこと、すぐれた財務家であったこと、意次は低い身分から立身しただけにたいへんな気配り人間であったこと、などを主張している。この著書によって、賄賂政治家田沼意次という人物像はかなり是正された。

ただし、大石氏は、意次が就いた御側御用取次《おそばごようとりつぎ》の地位を高く評価し、意次が就任した宝暦元（一七五一）年七月以降の「革新的な政治」を意次のものとして叙述している。

この評価には一理あるが、意次の上には老中らの役人が存在していて、いかに御側御用取次であっても専権をふるえたわけではない。

江戸時代の政治は複雑で、一人の権力者の意向だけで動かせるものではない。成り上がり者の意次の場合はなおさらである。意次が、そうした組織の中で、どのように行動していったのかを、乏しい史料から推測してみたいと思う。

正直に仕えた家重時代

田沼意次の父意行《もとゆき》は、紀州藩士で叔父だった田代高近に養われ、その養女を妻として紀州藩士となった。

享保元（一七一六）年、藩主吉宗が八代将軍となると、幕臣に取り立てられ、小姓となった。没年の年齢から逆算すると、この時、二十九歳、扶持は蔵米三百俵である。

同九年十一月、従五位下主殿頭《とのものかみ》に叙任した。これは、小姓の上位者に与えられる特典で、官位の上では遠国奉行に匹敵する位置づけとなる。しかし、だからといって、権力を持つというような性格のものではない。あくまで格付けがあがったということである。

同十八年九月には、三百石を加増され、それまでの蔵米三百俵を采地《さいち》（知行としての領地）に換え、すべて六百石の知行となった。

翌十九年八月には小納戸頭取に昇進したが、同年十二月十八日に四十七歳で死去した。

小納戸頭取は、将軍の日常生活の場である中奥の取り締まり役で、大きな権限を持つ役職だったから、意行としてはこれからというところだったが、病に倒れたのである。

意次は、この意行を父として、享保四年に生まれた。

同十七年七月、初めて吉宗に御目見得し、同十九年三月には、西丸の小姓となった。当時、西丸には吉宗の子家重がいた。

この時、意次は十六歳、家重は正徳元年生まれで、意次より八歳年長である。意次が家重の小姓になったのは、親が吉宗の小姓だったためであろう。吉宗は、自分が使う意行の子の意次を家重の側に仕えさせたのである。

父の死後、遺跡を継ぎ、元文二（一七三七）年十二月には、父と同じ従五位下主殿頭に叙任された。

延享二（一七四五）年九月、家重が将軍になって本丸に移ると、意次もそれに従って本丸の小姓となった。

同四年九月、小姓組番頭格となった。これは、小姓の上位者が任じられる格式で、実質はない。ただ、意次の場合、「諸事を執啓《しつけい》する事を見ならふ」（『寛政重修諸家譜』）とあるように、御側御用取次の見習いを命じられたことが注目される。

家重は、ゆくゆくは意次を御側御用取次に登用しようと考えていたと思われる。

寛延元（一七四八）年閏《うるう》十月、意次は、小姓組番頭に昇進し、千四百石を加増されたが、「なを奥のつとめをかぬ」（同前）とされている。表の役職である小姓組番頭となりながら、中奥で将軍に近侍する役はそのまま勤めたということである。

そして宝暦元（一七五一）年七月、御側に進み、「諸事を執啓す」（同前）とされている。役職としては書かれていないが、御側御用取次に任じられたものだろう。この時、意次は、三十三歳である。

御側御用取次は、御側（側衆）の中から選ばれる。綱吉から家継にいたる三代には、側用人が置かれたが、老中をしのぐ権力を持ったことから吉宗が廃止した。しかし、将軍と老中を取り次ぐ者が必要だったので、紀州から連れてきた有馬氏倫《うじのり》と加納久通を御側御用取次として使った。

有馬と加納は、一万石を与えられ、大名となっている。意次も、御側御用取次となって三千石を加増されて五千石となった。同八年九月には、一万石の大名となり、評定所の会議に出席するよう命じられている。

大石氏は、これ以降の革新的な政治を田沼政治としているが、この頃の意次に他の評定所のメンバーと同等の権限があったとは思いがたい。おそらくはその席にオブザーバーとして参加し、その内容を家重に報告するというものだったと思われる。

家重代には、言語が不明瞭であった家重の言葉を唯一理解できる大岡忠光が、御側御用取次、ついで側用人として家重の側にあった。意次は、家重側近の第一人者ではなかったのである。

家治政権下での取り立てと巡り合わせ

宝暦十（一七六〇）年五月、家重は、五十の賀を契機に、子の家治に将軍職を譲り、大御所として二丸に入った。大岡忠光は、この年四月に没している。

翌年には、家重も没した。本来なら意次も、ここで身を引くべき立場だった。しかし、家重は、家治に、「主殿（意次）はまたうとのものなり、行々こころを添て召仕はるべきよし」を遺言した（「浚明院殿御実紀」附録巻二）。「またうと（真人）」とは正直者だということである。こうして意次は、家治政権下でも、継続して仕え続けることになった。

忠光の後の側用人は、若年寄だった板倉勝清が任じられ、意次の役職は御側御用取次のままだった。しかし、仙台藩主伊達重村の官位昇進運動を見ると、すでに意次の存在が大名の目には重要人物として映っていることがわかる。

重村は、家格が同じはずの薩摩藩主島津重豪《しげひで》が、琉球使節を江戸に連れてきて中将になったことが残念でたまらなかった。そこで、中将昇進実現のために猛烈な運動をすることになるのだが、その時に手入れの相手として名前があがっているのが、老中首座松平武元《たけちか》とならんで意次だったのである。

重村は、「近年は天下一統に覚悟悪しく成り、何方も向々へ手入等これ無き衆はこれ無く」

――近頃はみな心がけが悪くなり、誰であっても要路の者に工作しない方はいない、と述べ、まず武元や意次に手入れしなければ、前例前格があるものでも実現しなくなる可能性がある、と不安を述べている。

重村の書状は、明和二（一七六五）年のものと推測されるから、意次はまだ側用人になっていない。それにもかかわらず、意次は、こうした嘆願の実現に頼るべき人物とされているのである。中奥の責任者は板倉勝清であるにもかかわらず、ナンバー2の意次が、それをしのぐ力を持っていると認識されていたのである。

宝暦十二（一七六二）年二月、意次は五千石を加増され、明和四（一七六七）年七月には、板倉勝清が西丸老中に昇進した後を受けて側用人となり、さらに五千石を加増されて二万石の大名となった。この時、領地である遠江国相良《とおとうみさがら》に城を築くことを許された。

【田沼意次の出世コース】

		父・意行 元紀州藩士の子として生る
		藩士の叔父の家へ養子
1716(享保元)		本丸小姓(幕臣に取り立て)
1724(同九)		諸大夫(主殿頭に叙任)
1734(同十九)	**意次** 西丸小姓(十六歳)	小納戸頭取(四十七歳) ※同年没
1737(元文二)	諸大夫(主殿頭に叙任)	
1745(延享二)	本丸小姓	
1747(同四)	小姓組番頭格	
1748(寛延元)	小姓組番頭	
1751(宝暦元)	御側御用取次	
1767(明和四)	側用人	**子・意知** 諸大夫(大和守に叙任)
1769(同六)	老中格	
1772(安永元)	老中(五十四歳)	
1781(天明元)		奏者番
1783(同三)		若年寄
1784(同四)		没(三十六歳)
1786(同六)	老中罷免(六十八歳)	
1788(同八)	没	

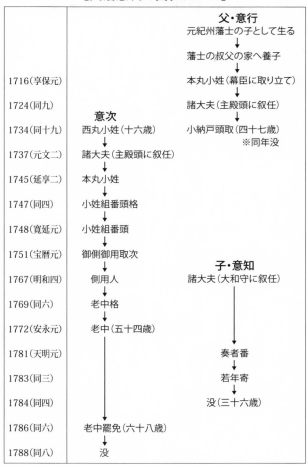

側用人は、役職序列で言えば若年寄の上で、城主大名の格である。意次が築城を認められたのもそのためである。同六年八月には老中格となり五千石加増、同九年正月には老中に進み、さらに五千石を加増された。

これらの加増は、役職に伴う最低限の格式を調えるためである。側用人は二万石で城主、老中格は二万五千石、老中になると三万石、というのが最低のラインだった。

こうして意次はついに老中にまで上るのだが、それは小姓として仕えた家重代ではなく、五十四歳という高齢になってからだった。それまでの長い勤めが認められたということなのだろう。

表の役職である老中は、家格が重視されており、さらにその序列は先任順だった。当時の老中は、松平武元、松平輝高《てるたか》、松平康福《やすよし》、板倉勝清の四人であり、意次は末席の老中に過ぎない。

ただし、意次の場合は、老中になっても中奥での勤めを続けるよう命じられた。そのため、老中の出した結論は意次が将軍に披露し、将軍の意向は意次を介して老中に伝えられることになる。

したがって老中も、意次の発言を無視できない雰囲気はあったと考えられるが、成り上がりの意次にとって、歴々の譜代大名である先任老中には遠慮があったはずである。いかに将軍家治の厚い信頼があったとはいえ、この時期の政治をすべて意次の専権であったと考えることはできない。

その状況が大きく変わるのは、天明元（一七八一）年である。意次が老中に進んだ後、安永八（一七七九）年から天明元年までの三年間に、松平武元、板倉勝清、松平輝高と、先任老中が三人まで没したのである。

このため老中は、松平康福と田沼意次のほか、天明元年九月に老中に進んだ久世広明《ひろあきら》の三人体制となった。康福の娘は、意次の嫡男意知《おきとも》の室となっていたから、康福と意次の間は良好だった。

おそらく、これ以降が、意次が実際に思い通りにできる時代だっただろう。老中であり、側用人として中奥の業務をも兼任していたことから、天明年間はまさに田沼時代とでも言うべきものになっていった。それも、先任者の相次ぐ病没という巡り合わせによるところが大きかった。

大石氏が意次の大きな業績としている蝦夷《えぞ》地探検も、まさにこの時期のものだった。仙台藩医工藤平助が書いた『赤蝦夷風説考』が、勘定奉行松本秀持によって意次に提出されたのは、天明四年五月、蝦夷地調査隊が派遣されるのは翌五年二月のことである。

気配りの政治家、意次

意次の政治は、調整型である。

諸大名や旗本は、官位昇進や家格上昇、役職就任を願って意次の回りに集まってきた。意次は、先例のないものでも、理由をつけて実現した。そのため、この頃の官位昇進はややインフレ気味である。しかし、だからこそ、諸大名が出費を厭《いと》わず意次に依頼してきたのである。

意次が、政治を思うがままに動かしたということではない。もっとも、こうした官位や家格や役職人事が、当時の政治の最も中心的な案件であったことを考えれば、それを実現する力のある意次は、権力者だったと言ってもいい。しかし、それはあくまで諸大名や旗本の方から望んでくるものであった。

ただ、長崎貿易の振興や蝦夷地探検といった面では、意次はそれまでの政治家とくらべて積極策をとっている。

しかし、蝦夷地探検でさえ、実現にあたっては老中格の水野忠友に伺書を見せ、幕閣で評議するための根回しをしている。

忠友は、家治の小姓から昇進してきた者で、意次の四男忠徳《ただのり》を養子としている。忠友は、意次没落後は忠徳を離縁しているので、意次に取り入ることによって権力の座に近づこうとしたのだろう。

しかし、水野忠友が意次の四男を養子とし、松平康福の娘を意知の室としたというのも、意次からというより、先方から持ちかけられた話のように思われる。家格の差があるだけに、意次の方から申し出ることのできる話ではない。弟の田沼意誠《おきのぶ》が一橋家家老となっているのも、意誠を一橋宗尹《むねただ》に付属させた吉宗のはからいである。

家柄のよい者ばかりの幕閣内で、意次が権勢を誇ったとしたら強い反発があったはずである。しかし、意次は、そうした反発がおこらないような態度をとり、逆に縁戚関係を結ぶことによって、派閥を拡大していたのである。

大石氏が、意次を「たいへんゆきとどいた気くばり人間」であるとしているのも、理由のあることである。

現在の田沼家に残されている「田沼意次遺書」という史料の第二条には、次のようなことが書かれている。

「一類中は申すにおよばず、同席の衆、さらに付合のある人たちにたいし、表裏・疎意《そい》がないように心掛けるべきこと。どんなに身分が低い人でも、人情をかけるところは差別なく接するように」

低い身分から立身した意次は、かつての自分の境遇を忘れず、自分を頼ってくる者に対して、差別なく接していたようである。

あるいは、この意次の態度が、意次を頼る者を増大させたもう一つの要因かもしれない。当時の田沼邸には何事かを願うため大勢の者が来ており、三十畳もの座敷が人でいっぱいだった。他の老中の屋敷では、客は障子を背にして一列にならぶぐらいだが、田沼邸の場合は何列にもならび、意次が出てくると、主客が顔を接するばかり近づくことになった（松浦《まつら》静山《せいざん》『甲子夜話《かっしやわ》』巻二）。

こうした様子は意次の権勢を示すために使われるが、実は意次が誰でも望む者には会うことにしたので、このような状況になったのかもしれない。

意次が政治を行っていた時代、賄賂が横行したのは事実である。松浦静山も、「雲路《うんろ》の志（出世の願望）」があって意次の屋敷を訪れたのだし、それが「世《よ》の習《ならい》」であったとも書いている。

これは、意次だけではない。幕府の役職にあった多くの者が、それぞれに他の者の希望を叶え、礼金を受け取っている。

大番士だった森山孝盛は、小普請《こぶしん》組支配組頭になるために運動し、実現した後は、上司である大番頭や、世話になった奥右筆《おくゆうひつ》組頭らに多額の礼金を贈っている。孝盛によれば、愚かな者でも金品によって出世できるなら、まだ自分の方が出世にふさわしく、かたくなに出費を厭って埋もれてしまうのは残念である、と書いている。

おそらく、孝盛のような考え方が一般的だったのだろう。普通に出世するためには、こうした礼儀が必要だったということなのである。

嫡子意知の横死と意次の失脚

意次が気配りの政治家であったのに対し、嫡子意知は、優秀ではあったが、そうした面での配慮が足りなかったように思われる。

意知は、天明元（一七八一）年に奏者番となって勤務を開始し、同三年十一月には、若年寄に昇進した。すでに三十五歳だった。岳父が老中首座松平康福、父が老中であることを考えれば、遅すぎるぐらいである。これを見ても、松平武元らがいた時代は、意次らもそれほど自由な人事はできなかったことがわかる。

この意知が江戸城で新番組番士の佐野政言《まさこと》に斬《き》りつけられたのは、翌四年三月二十四日のことである。意知は重傷を負い、神田橋の意次の屋敷に運ばれ、そこで死んだ。

政言は、下野の名族佐野家の末裔《まつえい》で、田沼の主筋にあたった。ただし、この時期は没落して、わずか四百石の新番士にすぎない。

意知は、政言から佐野家の系図を借り、そのまま返そうともしなかった。それでも政言がそれほど強く返却を求めなかったのは、それによって昇進がかなうかもしれないという色気があったからである。

事実、意知の用人は政言に、小納戸や小普請組支配組頭の席が空いたと知らせてきて、その都度、前渡しの礼金をとっていたという。政言は、それまでの二年間に六百二十両もの金子を差し出していた。

前年十二月には、将軍の鷹狩《たか》りの時、政言が鳥を射止めたにもかかわらず、それが別の人の手柄とされた。政言が鳥を射止めた時、その鳥にはすでに矢が刺さっており、意知が先の矢の者の手柄と認定したらしい。

こうした恨みから政言は、城から退出する意知に斬りつけ、致命傷を負わせたのである。

前渡しの礼金をとっていたのは、意知の用人である。これが、意知の指示だったかどうかはわからない。用人が、政言を金づるだと考え、勝手にやったことかもしれない。しかし、系図を借りたのは事実であるようだし、政言が昇進を望んでいることはわかっていたはずだから、もう少しやり方があったような気がする。

意次が、老中にまで取り立てられるまでには、おそらくさまざまな人に便宜をはかっていただろう。そのため、より多くの人が意次の廻りに集まることになった。そうした気くばりは、現在で言えば不正だが、江戸時代においてはそれなりの能力がないとかなわないことだっただろう。

その点で、苦労を知らない意知には、少し配慮が足りなかったように思うのである。政言は、意知が死去したため、切腹を命じられた。しかし世間は、意知を殺害した政言を賞賛し、「世直し大明神」とまで称した。これ以後、意次の権力もかげりを見せる。

それは、意知が殺されたためではなく、意次に強力なライバルが現れたからである。御三卿《ごさんきょう》田安家の出身で、意次のはからいで白河藩主となった松平定信である。天明五(一七八五)年十二月、定信は将軍の諮問役ともいえる溜間詰《たまりのまづめ》となり、幕政への発言権を得た。

清廉潔白な定信は、賄賂政治家意次を憎んでいた。その裏には、白河藩松平家へ養子に入ったことによって将軍の座から遠ざけられたことへの恨みもあったと推測される。

その上、天明三年七月、浅間山が大噴火を起こし、その降灰の影響で不作が続いていた。飢饉《ききん》が続き、打ちこわしも頻発した。これらはすべて、意次の失政と理解された。

同六年八月二十七日、意次は老中を罷免《ひめん》される。これは、将軍家治の病気と、溜間詰松平定信の動きと無関係ではないだろう。

そして同年九月八日、将軍家治が没した。十一代将軍は、一橋家出身の家斉が継いだ。まだ数えで十四歳である。

こうなると、意次を守る者はいない。閏十月五日には、意次の領地二万石が削減される。翌年六月、松平定信が老中首座となると、領地削減だけでは済まず、十月二日には領地を収公されることになる。ただし、家督は嫡孫の意明《おきあき》が継ぎ、一万石の大名として続いた。

組織人としての意次

意次が自由にふるまえたのは、長く老中首座を勤めた松平武元が没した安永八（一七七九）年七月頃から松平定信が溜間詰となる天明五（一七八五）年十二月頃までであろう。

一般に流布《るふ》されているイメージとは違い、老中になるまでの意次の昇進は、長期にわたって一歩一歩実現していったものだった。その勤務は、実直であり、将軍の側に仕える者としてそれなりの努力もしただろう。

それでは、意次は、なぜ組織人として頂点を極めることができたのだろうか。

まず第一に、置かれた立場が良かったことである。父が小納戸頭取だったため、小姓への道が開かれていた。表の役職だと、諸大夫役《しょだいぶ》になるまで長年の勤務と競争が必要だが、奥向きの役職である小姓の場合は競争者が少なく、比較的簡単に小姓組番頭格になれ、そこから側衆まではあと一歩である。将軍の信頼を得たことには意次自身の努力もあっただろうが、最初から恵まれたポジションにあったと言える。

第二に、政治体制の変化がある。八代将軍吉宗は、側用人を廃止し率先して政治を指導した。しかし、九代将軍家重の時、側用人職が復活し、唯《ただ》一人家重の言葉を理解できた大岡忠光が任じられた。このため、十代将軍家治が、父家重から付けられた意次を御側御用取次に任じ、さらに側用人、老中と昇進させてもさほど抵抗がなかった。

そして第三に、老中になってしばらくした頃、先任の者が相次いで没したという運のよさがある。「田沼時代」と言われるほど意次に権力が集中したのは、それが大きな要因となっている。

それでは、なぜ、意次の権力は長続きしなかったのであろうか。

第一には、権力を握ってから不運なことが続いたためである。浅間山の大噴火などの天災やそれに続く飢饉《ききん》は、意次のせいではないが、こうしたことも失政となった。子の意知が殿中で斬《き》りつけられたのも、佐野善左衛門政言という思いこみの激しい人間に関わったことが不幸だった。

第二には、有力なライバルが出現したことである。白河藩主松平定信は、吉宗の孫という血筋だっただけに、意次をまったく恐れず、むしろ軽蔑《けいべつ》していた。こうした人物がライバルでなければ、意次の失脚も、あれほどひどいものにはならなかっただろう。

自由な雰囲気の田沼政治

意次の政治は、意次自身の計画に従って辣腕《らつわん》をふるったというよりは、諸方から頼りにされることが多く、それに意味があると思えば、自由な発想で積極的に応《こた》え、支援するというものだった。

それまでは、幕府に確たる基準があり、たとえば大名の官位を低く抑えるなど、先例を墨守する時代だった。しかし、意次が生きた時代には、そうした基準が揺らぎ、理由をつければ先例のないことでも実現するようになっていた。厳しい改革政治を行った吉宗時代の反動で、しだいに政治が弛緩《しかん》してきたということなのだろう。

この結果、意次が生きた宝暦・明和・安永・天明という時代には、魅力的な人物が活躍するようになる。

本草学に西洋博物学の新風を吹き込み、エレキテルや石綿を使って作った火浣布《かかんぷ》を発明した平賀源内を始めとして、日本最初の解剖を検分した山脇《やまわき》東洋、解剖を見学して蘭書『ターヘルアナトミア』の翻訳を決意し、『解体新書』を刊行した杉田玄白、銅版画を制作した司馬江漢、戯作《げさく》の世界で名をあげた大田南畝《なんぽ》など、多くの人材が輩出している。

これらの人物が活躍したのは、意次が細かな規制を加えず、むしろ自由に活動させたからである。意次は源内の才能を評価し、二度目に長崎に行く時には援助した。

ロシアの地理書である工藤平助の『赤蝦夷風説考』は、意次に献上された意見書だった。意次はこれを評価し、蝦夷地探検が行われた。さらに蝦夷地開発計画も立案されたが、これは意次の失脚によって中止になった。

こうしたことを考えても、意次は、旧態依然とした他の老中よりはるかに社会に活気を与えた政治家だった。この時代の学術・文化の発展を評価するのであれば、それを許した意次の政治姿勢はもっと評価されなければならない。

低い成り上がり政治家の評価

しかし、それにもかかわらず意次の評判が悪いのは、その頃の社会全般に行き渡っていた出世欲と、それにともなって多額の金品がやりとりされていたことが大きいだろう。その意味では、理由のないことではない。

しかし、当時の人ばかりではなく、歴史家までが意次を悪く見ていたのは、彼が成り上り者だということもあるのではないだろうか。

似たような経歴の柳沢吉保《よしやす》も、律儀な性格だったようだが、側用人として権力を握っていたとされ評判がよくない。『三王外記《さんのうがいき》』という史料には、吉保が自分の子である吉里を将軍の落胤《らくいん》であるとして、将軍の座を簒奪《さんだつ》しようとした、ということまで書かれている。

吉保が、吉里を将軍に立てようとしたという事実はないにもかかわらず、そうした憶測が流れるのは、やはり低い身分から出世して、ついには大老格にまでなった、ということが大きな要因だったのではなかっただろうか。

当時の庶民だけでなく歴史家の人物評価も、知らず知らずのうちに、そうした経歴に影響されるところが大きいことには、愕然《がくぜん》とせざるを得ない。われわれは、そうした固定観念から離れる必要があると思われる。

おわりに

幕府の組織は、近代の官僚制になぞらえることができるほど、高度に発達したものであった。役職には序列があり、それぞれの役職に任じられる譜代大名・旗本・御家人には、家禄や家格などによって複雑な昇進コースがあった。

譜代大名の就く役職には、老中、若年寄、京都所司代、大坂城代、寺社奉行、奏者番などがあり、たとえば老中だと三万石以上の城主が任じられた。

ただし、資格を満たしていても、いきなり老中になれるわけではなく、奏者番から寺社奉行を兼任し、大坂城代、京都所司代と昇進を重ね、老中になるのが通例である。家格だけではなく、いくつかの役職を経験することによって昇進するのが幕府組織の特徴であった。

旗本は、一万石未満の将軍に御目見得《おめみえ》できる家格の幕臣である。旗本は、おおむね家格によって昇進ルートが分かれていた。両番家筋の旗本は、昇進を重ねて勘定奉行や町奉行にまで出世するが、大番家筋の旗本ではそこまでの出世は稀《まれ》だった。しかし、大番家筋の者にも昇進コースがあり、その下の新番や小十人組の旗本も同様だった。

将軍に御目見得する資格のない御家人には、昇進のある役職と一生同じ職務に従事する役職の二種類があった。たとえば町奉行所の同心は、同心の組織の中では昇進するが、それ以外の役職に抜擢《ばってき》されることはなかった。一方、勘定所の支配勘定や徒歩で従軍する徒士《かち》組の御家人には昇進の道が開かれており、加増されて旗本に身分を上昇させることもあった。

本書では、こうした幕府の組織の昇進のあり方とそれぞれの役職の特徴、家格によって規定された昇進コースと家格や慣行によって作られた壁の存在を、さまざまな事例を見ることによって明らかにしてきた。

注意すべきことは、幕府の組織にあっては、実は家格が絶対的なものだというわけではなかったことである。将軍の信任があれば、もともとは旗本の身分であっても加増されてその資格が満たされた。そうした例外は、二百七十年にわたって続いた長い江戸時代の間にごく稀に生じたものに過ぎないが、そこに幕府の組織のもう一つの特徴を見ることもできる。

それは、将軍という絶対者の存在である。絶対者がいるからこそ、その絶対者の意思によっては家格の壁も乗り越えることができたということである。

しかし、将軍も、老中ら家臣たちの意向を無視して、勝手な人事を行うことは控えている。潜在的な権力と実際になしうる行動には、無視できない差があった。

また、職務を遂行する上では、役職が高いからといって自由に振る舞えるわけではなく、配下の者の意見を尊重しなければ職務がスムーズに流れていかないことも一般的に見られた。町奉行は与力・同心の協力なしでは業績をあげることができず、勘定奉行は勘定所内の叩《たた》き上げである勘定吟味役に多くの任務を委《ゆだ》ねざるを得なかった。

こうした役職の上下というヒエラルキー構造と、どの位置の者が実際の権力を握っているかという点は、必ずしも一致していない。こうした組織運営上の特質にも、現代の組織と通ずる部分があり、たいへん興味深いものがある。

本書によって、江戸時代の組織とそこに属する人々の実像を理解し、それと現代の組織を比較して見ることによって、組織というものの普遍的な性格に思いを巡らせていただければ、著者としては、満足である。

平成二十年八月

講演録

江戸に学ぶ日本のかたち

江戸幕府旗本の出世のあり方

今日は「江戸に学ぶ日本のかたち」というテーマで、まず、官僚としての武士のあり方を解説し、そうした武士の責任の取り方について、お話ししようと考えています。

江戸幕府には、旗本・御家人という直属の家臣がいました。旗本は御目見《おめみえ》以上、御家人は御目見以下の者で、旗本が五千人ほど、御家人が一万六千人ほどいました。町奉行や勘定奉行など幕府の顕職《けんしょく》に出世できるのは、旗本の中でも「両番家筋」といって、書院番か小姓組番の番士から勤務を始める家柄のいい者だけでした。

両番家筋の旗本は、まず両番の番士から勤務を始め、中間管理職である布衣《ほい》役の中でも徒頭《かちがしら》、使番、小十人組頭などに昇進し、目付に登用されていきます。目付は定員十名で、先任の目付がこれらの役職の者の中から選抜して登用します。時に、小姓《こしょう》や小納戸《こなんど》など、将軍の側近を勤める者からも推薦されてきます。

江戸時代、目付、町奉行、外国奉行を歴任した山口泉処というもと旗本は、次のように述べています（『旧事諮問録《きゅうじしもんろく》』目付、町奉行および外交の事）。

「布衣以下から布衣以上に拵《こしら》えるときが、よほどむつかしいので、布衣以上に選挙する権は若年寄にありますが、布衣以下より以上に挙げるときは、篤《とく》とその人の容子（様子）を調べて、平生学問はできるか、身持ちはどうか、家事は治まるかとかいう行状を逐一調べるので、それを調査するのがやはり御目付の役です」

まず旗本は、布衣役を目指して競い合ったわけです。そして目付になると、諸大夫役《しょだいぶ》である遠国奉行への道が見えてきます。遠国奉行とは、京都町奉行、大坂町奉行、長崎奉行など、幕府直轄地を治める行政官です。山口泉処は、次のように述べています（同前）。

「目付になりますと、始終使われますから、人物がよく分かります。目付で使ってみて、存外この者は役に立つから、どこの奉行が空いたから、転じさせようとか、何にしようといって上へ伺うて転役させたりするのでありますから、是非、（目付の役職が）腰掛というような事も申すはずです。その人の器量が知れますから、道理としてその者を挙げるようになるのです」

そして遠国奉行から勘定奉行や町奉行に昇進する者が出てきます。この両職を首尾良く勤めると、大目付や留守居という旗本最高の役職に登用されます。ただし、これらはそれほど仕事があるわけではないので、どちらかと言えば名誉職的なものです。

寛政の改革を行った老中首座松平定信によって、学問吟味というものが行われます。これは、旗本・御家人に朱子学の知識を問う試験です。第二回学問吟味の甲科及第者に、旗本の部では遠山景晋《かげみち》、御家人の部では大田直次郎が優秀な成績を収め、甲科合格となりました。遠山景晋は有名な遠山の金さんこと遠山景元のお父さんですが、徒頭に登用され、長崎奉行へ昇進しました。大田直次郎は、戯作者・大田南畝《なんぽ》の名が有名ですが、支配勘定に登用され、戯作からは離れ、職務に励むようになります。江戸時代後期になると、武士に学問が重要になってくるのです。ただし、家格相当の登用という壁がありました。

江戸幕府におけるキャリアとノンキャリア

天明八（一七八八）年四月、松平定信は、勘定奉行・勘定吟味役あてに次のような通達を出しました。

「姑息《こそく》にひかれ候而《そうろうて》、支配之者 曲直《きよくちよく》を相糺《ただ》さざる様《よう》に而は、御不締り之本に而候。不埒《ふらち》の筋表立ち候ては事により御損失にも相及ぶべき哉に付き、成るたけ補ひ候心得、万一これあり候ては相済まず候」

勘定所では、たたき上げの役人である勘定組頭、勘定らが既得権に安住し、いわばキャリアである勘定奉行らの指示に従わない、ということがあったようです。定信はそれを問題にしているわけですが、現在でも官公庁に見られるようなキャリアとノンキャリアの問題があったわけです。それは、天保の改革でも問題になっています。以下の天保十四（一八四三）年十一月二日の「御口達《おこうたつ》」を見るとよくわかります。

「御勘定所の儀は、年来流弊《りゆうへい》に而《て》、兎角《とかく》風俗宜《よろ》しからざる趣に相聞こえ、奉行の趣意相用ひず、或いは奉行を差し越し、申し聞け候者もこれ有る哉《や》に相聞こえ、尤《もつと》も是迄《これまで》奉行も未熟故《ゆえ》の儀には候得共、以ての外の事に候」

やはり勘定所の職員が奉行の言うことを聞かず、それを無視したりすることもあったことがわかります。新任の奉行が、勘定所内に横行する好ましくない慣行を改めようとすると、「抵抗勢力」にあったということです。勘定所の職員は、職務に精通しているので、なかなか新任の奉行では統制が難しかったことがわかります。

旧幕府評定所留役の小俣景徳《かげのり》は、明治になって、歴史家の聞き取りに以下のように返答しています（『旧事諮問録』司法の事）。

「貴君の時の奉行は、たいていはつまらぬ愚物でありましたか」

「さよう、しかし全くの愚物では奉行になれませぬ。ちっとは話ができんではいけませぬから（中略）どうしても知行を持っておりましたから、今日の事情に疎《うと》いのであります」

「その中に、成り上がりの奉行がはいっておりましたか」

「たいがい一人位は入っておりました」

奉行は奉行で、これまで学問はしてきていますが、「今日の事情に疎い」という問題があったようです。

小俣景徳が勤めた評定所留役という役職は、勘定所から出向して幕府の裁判機関である評定所の書記を務める者です。評定所の構成員は寺社奉行、町奉行、勘定奉行のいわゆる「三奉行」ですから、幕府のエリートです。彼らの会議を、勘定所から出向したノンキャリアが事務的に支えたわけです。

幕末、評定所では、大老・井伊直弼の暗殺事件である桜田門外の変の犯人（水戸藩脱藩士）を裁いています。評定所で彼らの事情聴取をして、判決を出すことになります。

井伊直弼は首を取られたわけですから、当然死んでいるのですが、直弼は近くの藩邸に預けられたので、井伊家の家臣が行って首を取り返し、幕府には「体調不良」と届けます。そして何日か後に、病気で死去したという届けをするわけです。だから、直弼は桜田門外では殺されていないということなので、「おまえたちは重き役人を傷つけて悪いと思わないのか」というような聞き方をし、判決でも殺人の罪には問うていません。

武士の社会は、そのような建前の世界でした。武士たるもの、登城の途中で襲われて首を取られたなどということは恥なので、これを公然な事実とすると、井伊家の断絶にもつながるわけです。だから、桜田門外ではあくまで死んでいないことにしたのです。

次に、御目見《おめみえ》以下の御家人の出世の事情を見ていきましょう。

御徒《おかち》とは、将軍が外に出るときに随行する供の家臣ということで、七十俵五人扶持ぐらいの下級幕臣です。今でいえば、年収が百五十万円から二百万円ぐらいの者です。今でも名前が残っている御徒町や深川元町、本所錦糸堀というようなところにまとまって土地を与えられて、それぞれ分割して、百坪から二百坪ぐらいの屋敷地を持ちます。現在なら、百坪の家は豪邸と呼ばれるでしょうが、昔は百坪の屋敷地があっても、年収は低いですから、家作はせいぜい二十坪ぐらいで、庭はりっぱな庭にするのではなく、家庭菜園を作って生活の足しにするというような生活だったのです。大体、家の中は、玄関が三畳、一応武士なので玄関はりっぱですが。ほかには八畳、六畳と台所があるぐらいの家です。

ただ、御徒には人材登用の門戸が開かれていて、多くは「青雲の志」を抱いていて、他の御家人とは品行においては雲泥の差があったということでした。内職にもあまり精を出さず、学問に励んでいたということです。

御徒で有名な人は、幕末、海軍の副総裁にまでなって、主戦派を貫いて蝦夷地まで行って戦った、あの榎本武揚《えのもとたけあき》、この人が御徒の出身です。榎本は御徒の出身だけれども、出世したいという気持ち、それを当時は「青雲の志」と言っているのですけれども、それを持っていて、ヨーロッパに留学することになったわけです。

なぜヨーロッパ留学ができるかと言えば、上級旗本たちは日本にいても出世の道が開けているので、それほど苦労するつもりがないのです。しかし、御徒などは、ここで一生懸命学問をし、幕府のために海外に派遣されて働けば、登用の道が開けるかもしれないということで、このような人たちが留学して、そこで懸命に学んで帰ってきます。すると、日本でのんべんだらりと過ごしていた旗本とは格段の実力の差ができていますから、幕末の激動の世の中では能力がある者が必要だということで、榎本のような人間がどんどん登用されていくということになるわけです。

川路聖謨《かわじとしあきら》の心構え

そのような御徒《おかち》などの下級幕臣の中での出世の典型例としては、川路聖謨という人がいます。この人は、大分県にあった幕府の日田《ひた》代官所の吏員の子です。日田代官所は、九州全体の幕府の領地を治めるので、「日田郡代」と言って代官の中でも格が高いのです。その代官所の下級吏員、つまり手代などの代官所の職員の息子だったわけです。

代官所というものはやはりいろいろな利権が集まりますので、お金もたまります。聖謨の父は、一生懸命働いてお金を貯め、息子のために御徒の株を買ってやります。

御徒は御家人なのですけれども、その身分が株になって売買されていました。例えば自分の跡継ぎがいないということになると、自分の老後を見てもらいたい。当時は年金がないので、この株、つまり御家人身分を売る。そうすると、一生面倒を見てもらうことができる。買った人間は、自分の子供をその御徒の養子とし、幕府に届けて幕臣になるということが慣行として許されていたのです。

現在も、似たようなことがあります。私の友人が弁護士をやっていて、ある大きな弁護士事務所の後継者になりました。友人に事情を聞くと、弁護士は国民年金であまり年金がないので、年をとって自分の事務所を辞める時は、見どころのある部下や後輩にその事務所を譲って、そのかわり顧問料を毎月もらうという慣行があると言っていました。それと同じで、御徒の身分も株となって売買されているのです。

滝沢馬琴も、小説家としてある程度お金があったので、自分の息子のために、この御徒の株を買って、息子を御徒にしています。だから、裕福な町人の子供で、次男、三男はとりあえず御家人にするという、そのような手もあったのです。それが江戸時代の実態でありまして、川路の父は、御徒の株を買って江戸に出る。

そのあと、さらに九十俵三人扶持の下級旗本の川路三左衛門の養子に入る。これも、多分そのようにかなりお金を提供して、養子の身分を買って入ったということになる。あるいは、その家の娘と結婚するかたちもあります。持参金も持って婿に入る、というかたちです。それでついに旗本になった。

旗本といっても下級旗本ですから、役がありません。川路は、勘定所の筆算吟味という勘定所の採用試験を受け、それに合格して最初に支配勘定出役に登用されます。出自が出自なので、最初はお目見《めみえ》以下の身分の支配勘定。しかも「出役」、つまり支配勘定の定員外の職員に任命されました。彼は非常に学問ができ、能力もあったので、支配勘定本役に昇り、評定所留役になります。

今でもそうですけれども、例えば政府に審議会のようなものができると、そこに書記役がいます。それは官僚の役目です。その官僚が行事や何かを全部取りまとめてやるわけですから、実力がないとできないです。

それで、留役をやり、そのあと寺社奉行の吟味調役という、寺社奉行所の裁判担当の役人になります。

寺社奉行は、幕府の三奉行の一人で、寺社奉行、町奉行、勘定奉行というようにあるわけですけれども、寺社奉行だけは大名がやるのです。大名がやるということは、その職務は大名の家臣がやらなければいけない。しかし、大名の家臣は、普通の藩士ですから裁判事務などの業務には疎《うと》いので、寺社奉行になったときには、勘定所から出向した寺社奉行吟味調役という者を中心に職務を遂行するのです。

川路は、寺社奉行の吟味調役で働いているときに、但馬の出石藩の仙石家でお家騒動が起こって、そのお家騒動をうまく裁いて能吏であるという評判が立ち、勘定吟味役になります。勘定吟味役とは勘定奉行に並ぶ勘定所の次官で布衣《ほい》役ですから、非常にいい役に出世したわけですね。さらに、そのあと遠国奉行の佐渡奉行になり、下三奉行、つまり普請奉行や作事奉行になり、勘定奉行になるというように目を見張るような出世を遂げたわけです。

遠国奉行のときは、佐渡奉行のあと奈良奉行になるのですが、遠国奉行の格式は高く、十万石の大名並みの行列で任地に下るわけです。通る街道の大名からは使者が来て挨拶、要するに就任祝いの挨拶が来るわけで、元々代官所の下級職員の息子がここまで出世したかということで、思わず涙をこぼして、上のありがたみを実感したと日記に書いています。要するに、川路の出世は上司の引きもあったでしょうが、そもそもこのようになったのは上様のおかげであるということで、そのありがたさに涙がこぼれたわけです。

そのようなことで、幕府への忠誠心は非常に強い人で、結局、江戸幕府が倒れたときには、江戸城明け渡しということを聞いたときに、腹を切ってピストル自殺をするという末路を遂げてしまいますが、この人の文章には、次のように書かれています。

「格別の選挙にあひし身にしあれば、人の陰ごと申すことも少なからず、また硬直をむねとし侍《はべ》れば世にいれられざることも少なからず候《そうろう》まま、こころして左遷のことなきよふにせよなどいふ人も友どちのうちに少なからず。こはわが身にとりていかにも親切にして忝《かたじけ》なきこと共也、然《しか》あれど、予軽き者よりして布衣以上の御役人（勘定吟味役）に加えられ、既に家柄旧家の面々と座を同じくし、ひざをならべて人がましくものいひながら、自家のことおもひはかりて黙止居らんには、もののふの戦にのぞみて命をおしむとおなじかるべきにや」（川路聖謨『遊芸園随筆』）

特別に選抜されてこのような役職になったので、人が陰事を言うことも少なくなく、しかも強情だったので世の中から批判されることも多かった。だから、友だちのうちには、「おまえ、もうちょっと妥協して、左遷されないようにした方がいいんじゃないか」と言う者もいた。これは親切でありがたい忠告だけれども、低い身分から布衣以上の役人に加えられて、幕府の中でトップクラスのいい家柄の人間と同じ席に座り、膝を並べて、一人前に物を言いながら、自分の出世や左遷のことを考えて、言いたいことも言わず黙っているのでは、武士が戦いに臨んで命を惜しむのと同じではないだろうか、と川路は言うのです。

井伊直弼が大老になったときに、川路は一橋派、つまりこれから有能な将軍を立てて日本の守りを固めなければいけないと思う方だったので、あっさり左遷されてしまうということになります。直弼の死後、また登用されて、勘定奉行になったり、外国奉行になったりするわけですが、結局、幕府が倒れるときに、幕府に殉じます。

武士とは、このような職務倫理で働いていたということです。これを見ると、やはり能力において登用されて、自分のやりたいことができると、どんどん役人的にはきちんとしていく。しかし、一生これより上には出世していけないし、回ってきた物を知らない上司の言うことを聞かなければいけないという与力、同心たちはだんだんよどんできて、できるだけ不正をうまくごまかして、自分だけ肥え太ろうとするというようなことになるということが、このことからも分かります。

武士道と切腹

そのようなことが江戸時代の武士の大勢ですけれども、それを裏から支えた武士道ということを考えてみたいと思います。日本人の特徴として、今、武士道というものが見直されているのです。

かつては「武士道」というと、軍国主義につながる思想だということで、いいものとは思われていなかったのですが、一九九〇年代ぐらいから、武士道を再評価する本が出てくるようになります。それに書かれる武士の特徴や日本人の特徴は何かというと、潔さや強い責任感、勇気というものが挙げられます。それを象徴するのが、ここでお話しする「切腹」なのです。

切腹は非常に野蛮なように見えるかもしれませんが、これは自分のなしたことに対して自ら責任を取るという文化です。つまり、誤りを認めて、自ら死ぬことによって自らを裁く。場合によっては、自分が悪くないときでも腹を切るということがあります。

これは、ヨーロッパや中国とは全然違う考え方でありまして、ヨーロッパ・中国では、基本的に自分がなしたことに対して責任は取ろうとはしません。人から殺されるのはしかたがないけれども、自分で責任を取ろうとは思わないのです。むしろ、自分がいかに悪くないかということを主張して、できるだけ誤りを認めないというのがあちらの文化です。日本の場合は、割とあっさり認めて謝罪してしまうのです。だから、ヨーロッパや中国から見ると、悪くなくても世の中を騒がせたからという理由で自殺する者がいれば、あいつは自分が悪いから死んだのだろう、悪くなかったら死ぬはずがないというように考えられます。したがって、自殺しても何の解決にもならないのですが、日本では人が死ねばそれでなんとなく解決します。切腹という武士の習慣は、本当に日本的なもので、特徴的なものなのです。

例えば新渡戸稲造の『武士道』には、切腹はシェークスピアの『ジュリアス・シーザー』にも見え、単に自死の手段ではなく、法律上ならびに礼法上の制度であるというように、死ぬ手段の一つではないのだと、これは儀礼なのだということを言っています。

その目的とするところは何かというと、武士が罪を償い、過ちを謝し、恥を免れ、友をあがない、もしくは自己の誠実を証明する方法だと言っています。やはり、このように過ちを謝すということはあるのですが、それだけではなくて、自分で責任を取ることによって、恥を免れることができるというような観念が非常に強いのです。それから、自分は悪くないけれども、死ぬことによって自分の潔白を証明しようという、自己の誠実を証明する方法でもあったということが面白い。多分、死ぬということは必ずしも過ちを謝すだけではなくて、自分の潔白、あるいは結果的にはそのようなことになったかもしれないけれども、自分はそのような悪いつもりでやったのではないということを主張するためのものだというようなことが、今でもあるのではないかと私は思っています。日本人は、このような観念のもとで命を断つわけです。

ただ、この「恥を免れ」ということが弊害を生むようにもなります。つまり、恥というものを非常に嫌悪するために、それほどのことではないのに死を選んでしまう。そのことによって、自分が名誉の死を遂げたということになるというように考えるわけで、それが、ある意味、有為な人材をたくさん死なせてしまったという弊害もあったのだと思います。

では、どのようなときに切腹するのでしょうか。過ちを犯すから切腹するのだろうと思われるかもしれませんが、単にそのようなことだけではありません。

文化五（一八〇八）年、まだ天下太平の時代で、将軍は十一代の家斉でした。この頃、イギリス船が長崎に来航して、オランダ商館員を拉致するという事件が起こります。高校の教科書にも載っているフェートン号事件というもので、当時、ヨーロッパではナポレオン戦争が起こっていて、オランダはフランスに占領されて、イギリスの敵対国だったわけです。だから、イギリスは、アジアのオランダの拠点であるこの長崎の商館を襲って、そこでオランダ船を拿捕《だほ》しようと思ったのだけれども、たまたままだオランダ船は来ていなかったのです。イギリス船は、オランダの国旗を掲げて長崎港に入港するものですから、オランダ商館員が出迎えたところ、彼らが捕まったということが拉致の真相です。長崎奉行はいろいろと交渉して、結局、水や食料を与えることによって商館員を解放させました。

この頃、長崎の警備は、佐賀藩と福岡藩が交替で警備することになっていました。しかし、泰平の時代ですから、その年の担当の佐賀藩の警備はすごく貧弱だったわけです。だから、何ら有効な手段が取れない。長崎奉行は、イギリス船と交渉しながら、佐賀藩や、もう一つの警備担当の福岡藩に連絡して、軍勢を出すように命じています。不幸にして軍勢が到着する前にイギリス船はもう立ち去ってしまいます。

結局、なすすべもなく長崎湾内を去らせるということになりましたから、長崎奉行・松平康英は、事件の報告と、長崎警備の今後の改善策を書き上げ、幕府から何の沙汰もないうちに奉行所の庭先に出て腹を切ります。奉行所は幕府のもの、つまり上様のものなので、その畳を汚すのはもったいないということで、庭先で切腹する。殿様が切腹したということで、康英の家臣たち数名も切腹します。

一方、長崎警備担当の佐賀藩でも、責任を取って家老ら数人が切腹します。佐賀藩の藩主は謹慎に処せられています。

というように、実害はほとんどない、野菜や水を与えただけの事件でも、十人以上の人が死んでいるわけです。これは責任を取ったということです。我々から見ると、これはやむをえない事情だと思われるけれども、それでもなおかつ自ら責任を取る。要するに、幕府に処分を預けるようなことをしないわけです。それで、殿様が死ぬとなると家臣も死ぬ、家老も切腹することによって佐賀藩の罪をあがなうことができて、藩主の処罰をせいぜい謹慎ぐらいで済ますことができるという、そのような意味もあって、このような行動をとるわけです。つまり、藩の責任を一身にかぶるというかたちです。

このような慣行が、当時、つまり江戸時代の後期でも一般的だったので、いろいろな珍事も起こります。

アメリカ使節のペリーは日本にやってきて、江戸湾に浮かべた蒸気船から礼砲を撃とうと思います。蒸気船を江戸市中に錨泊させて、宮殿に、つまり江戸城に礼砲で挨拶しようということが私の当初のもくろみだったと。しかし、そのようなことをされると、「そのせいで市中に混乱が起きたら、彼ら個人が責を負うことになると君侯らが繰り返し主張する」つまりペリーが礼砲を撃ったことによって、江戸の町人が混乱すると、ペリーについている武士たちが責任を取ることになるというように——君侯とは大名クラスの人間のことを言うわけで、恐らく大名でもあり老中でもある、要するに当時の政府の責任者だと思います——君侯らが、担当の役人たちが責任を取らなければいけないので、やめてくれというように主張したわけです。だから、あまり繰り返し主張するので、それを多少は信用しようと思ったというように書いているのだけれども、ペリーは、「もっとも彼らが腹切りをさせられるということは、やや眉唾であるが」とも書いています。アメリカ人にとって、そのようなことで腹を切らなければいけないとはとても思えないわけです、担当だという責はあるにしても、礼砲が放たれるのはその担当のせいではないわけですから。ペリーは、「彼らが腹を切らなければいけないからやめてくれ」という老中の言葉は、オーバーに言っているのだろうと思って、やや眉唾だと思ったのだけれども、「当初の決意にあまりこだわりすぎて、せっかく築いた大変友好的な関係を危うくするのは得策ではない」

と考えて、礼砲を撃つことは止めました。

しかし、これまで見てきた事例を見ますと、実際に市中に混乱が起こったときには、結果責任として、その直接の担当者に腹を切れと言われることは十分ありうるのが、日本の慣行だったわけです。だから、上司としても彼らに腹を切らせたくないので、とにかくペリーにやめてくれというように頼んだのだと思います。そのような裏の事情の一端が分かるのがこの文章で、なかなか面白いと思うのです。

どんなつまらないことで腹を切らなければいけなくなるかということですが、次のような証言があります。筆者は旧幕臣の本多晋という人で、元々は一橋家の家臣です。一橋家は、「御三卿」という徳川家の近い親類の大名で、後に十五代将軍になる徳川慶喜《よしのぶ》が当主でした。慶喜は京都に出て、朝廷の役職にも就いて、朝廷とその背後の摂海、つまり大阪湾の警備を担当しているという頃なのですけれども、連れていった家臣の中に、ふらちなことを行った人間がいたのですね。

その時分の制度では、「法則に触れた者は町奉行の手に渡して罪人にするのが制度でありますが、一橋家の中からそのような罪人を出すのは名誉に関わることであるから」と言っています。「町奉行に渡して」ということは、先ほど言ったように、一橋家の家臣は陪臣なので、この罪は町奉行が裁く。つまり町人に対すると同じように町奉行が裁くことになるのです。御家人は微妙なのですが、旗本の処分というものは旗本しか裁けないので、町奉行所が旗本に口を出すことはないのです。もし彼らが悪いことをしているときには誰が裁くかというと、老中の配下にいる目付が悪事を認定して、それで呼び出して譴責《けんせき》するということになります。

しかし、旗本とは非常に身分の高い存在ですので、彼が公式に処罰されるということはありません。不良旗本がいれば、切腹を勧告される。自分でその責任を取って腹を切れば、お家断絶は免れるということです。自分で腹を切るのは嫌だと言うと、「お薬頂戴」といって、幕府から毒薬を与えられます。その毒薬を飲んで死ねば、切腹と同じ扱いです。将軍の直臣である身分高い旗本は決して罪には問われない。これもやはりメンツの問題なのですね。藩士の場合は陪臣なので、町奉行が裁くということが問題でした。

罪人を出すのは御家の名誉に関わる、要するに不祥事があったら家の不祥事でもあるという発想があるから、町奉行の耳に入らぬうちに腹を切らせた方がよろしいということになって、私どもが検使に参りましたと言っています。「検使」とは切腹を見届ける役人ということです。つまり、死なせて、もみ消してしまおうということです。

本多は「その者は農兵であります」と書いています。この頃、農民を取り立てて兵に仕立てているわけです。一橋家には領地は与えられているのだけれども、その領地は幕府の勘定所から出向した家臣が管理していて、直接の家臣はあまりいないのです。だから、農兵を取り立てて京都に行ったのでしょう。「同輩どもが寄りまして、腹を切れと言うが、農兵でありますから一向事理が分かりません」というのは、農民出身の人間だから、なぜ自分は死ななければいけないのか分かりません、私は死ぬほどのことはしていません、と主張します。確かに、厳しい倫理は武士だけに要請されているので、その農兵にとっては何で死ななければならないのかわからなかったでしょう。こういう場合、「やむをえず、とうとう寄ってたかって殺してしまいました」ということになります。要するに周りの人間が殺し、上には切腹したというように届けるのです。このようなことはよくあります。

現在、大河ドラマが「西郷《せご》どん」で、薩摩藩が取り上げられています。大河ドラマですから、西郷隆盛は英雄として書かれるに違いないわけなのですけれども、薩摩藩は、たとえばお家騒動などで藩主に逆らったということになると、首謀者でなければ切腹には命じられなくて遠島になります。薩摩藩は離島がたくさんあるので、鬼界島や沖永良部島《おきのえらぶじま》や甑島《こしきしま》など、いろいろなところに流されるという、そのような命令が行くのです。藩の正式の命令は遠島なのですね。しかし、親類たちを呼んで、大目付が、「よきように計らうように」という内示を与えます。すると、親類たちはその者のところに行って、「おまえは腹を切れ」と言うわけです。そのように言われるともうしかたがないので、みんな腹を切ります。もし腹を切らない場合はどうなるかというと、親類がその者を殺して、藩には切腹しましたと届けるのです。薩摩とはそういうお国柄で、命が非常に軽いところです。

それから、もう一つは日向《ひゅうが》送りという処罰があります。要するに国外追放です。国外追放ということは、大体、薩摩藩は薩摩と大隅と日向の一部を領地に持っていますが、この日向の国境まで行って、その国から追放すればいいのですけれども、その国境で殺してしまうのです。それで追放したという形をとります。

西郷は、京都で活動しているときに、清水寺の僧・月照《げっしょう》と同志として活動するのです。しかし、京都の方の情勢が変わったので、西郷は月照を連れて薩摩に下ります。しかし、薩摩藩でも藩主の斉彬《なりあきら》が死んで情勢が変わっており、これ以上幕府を刺激するわけにはいけないということで、月照を日向送りにせよと言うわけです。これは要するに西郷に月照を殺せということですから、西郷は、やむなく大隅に行く船から、月照と抱き合って錦江《きんこう》湾《わん》に身を投げます。月照だけ死んで、西郷は生き残り、大島に流されるということになるわけなのですが、これも日向送りなのです。

農民だと「事理が分からない」と言われていますが、武士出身の人間は次のようになります。山岡鉄舟は江戸城の無血開城のときに非常に働く人ですが、鉄舟の部下が上野の酒屋で無銭遊興をしました。この頃、十五代将軍だった慶喜は、上野の寛永寺に蟄居《ちっきょ》、謹慎していますす。元将軍が謹慎している時期に、無銭遊興をしたというのは不都合だ、ということになります。鉄舟は、「かわいそうだが、これは殺さなければならん」と考え、その者を呼んで次のように言い渡します。

「その方は無銭遊興した。甚だ不都合であるから、切腹を命ずる」

現在は死刑を宣告するときには、詳しく理由を明らかにしなければいけませんが、この頃だと「甚だ不都合であるから」で十分に切腹の理由になるのです。

するとその者は、一言聞いて「かしこまりました。切腹をしましょうとて、少しもひるむことなく、その夕べ、同僚検使のもとに、りっぱに自ら腹を切って死にました」ということになりました。本多はこの者を褒めているのですけれども、武士としての教育を受けていれば、不都合なことをしたということで切腹を命じられたら、ひるまず、「かしこまりました」と答え、すぐに腹を切るのが普通だったわけです。

農民だと、そういう教育をされていませんから、「私は死ぬほどのことはしません」と言って抵抗しますが、殺されてしまう。先ほどの農兵も、せいぜい無銭遊興ぐらいの罪だったと思うのですが、死ななければなりませんでした。

これは、本多が書いている「中の切腹」です。農兵は「下の切腹」。それでは「上の切腹」は何かというと、次の事例です。

江戸城で言い争いをして侮辱された者が、相手に仕返しをする、あるいは刃傷をするということもありうるのですが、それは江戸城の秩序を乱すことになるということで、そのときは何もせず家に帰り、その晩、自分が名誉を傷つけられたという恥を雪《そそ》ぐために、自ら切腹します。これが「上の切腹」だと言っているのです。要するに幕府の秩序を守りながら、死ぬことによって自分の名誉を守ったということです。

ただ、この場合は、原因が究明されまして、例えばAという者と口論していたということになると、Aも相手が死んでいる以上は切腹しなければいけないということになります。「差腹《さしばら》」と言って、自分が恨む相手を殺すために、自ら死ぬことによって相手を切腹に追い込むという慣行も、江戸時代にはありました。

そのような慣行は誰も教えていないと思うのですけれども、現在のいじめによる自殺者も自分の恨みを書いています。自分が死ぬことと引き替えに、相手にもダメージを与えようという感覚が残っているのかもしれません。日本の場合は「喧嘩《けんか》両成敗」のように、双方を同等に処分しなければならないという観念があるので、「差腹」のような考え方が根づきやすいのだと思います。ここで死んだら自分は死に損だというような観念が普及すれば、そのような自殺はなくなるのではないかと思いますけれども、そのことによって相手にもダメージを与えると思うと、無力な人間はつい死を選んでしまうということにもなるのかもしれないと思います。このように江戸時代では、切腹というものは始終起こるものだったのです。

これは対立や喧嘩だけではなくて、政策上誤った場合にも腹を切らなければいけないことがあります。これは元禄十三年、江戸時代の前期の話ですけれども、財政窮乏の打開策の立案を命じられた会津藩の長井九八郎という人がいました。若い頃から学問をして、それほど高い身分でもなかったのに藩の財政担当の役人にまで取り立てられて、今後、会津藩の経済を立て直すためには、藩札《はんさつ》を発行するのが適当であるというように建言します。建言は家老の許可を得て、藩主にも上申され、それではやってみろと言われて藩札を発行します。

藩札を発行してどうなったかといいますと、藩のお金が増えるわけですから、物価が高騰する。藩のお金を増やすことで、藩も潤うし、それを世間に流通させることで、お金は経済の血液なので、お金の量が増えることによって景気がよくなるというように考えたのは間違いではないのですが、藩札を発行したら物価が高騰する。さらに、それに拍車をかけたのが偽札の横行でした。藩札は当時の技術で印刷して発行するだけなので、今の銀行券のように精巧なものではありません。藩札の偽札を作る悪いやつが出てきて、かなりのお金が出回る。そうなると物価がさらに高騰する。すると、庶民は困り、藩も潤わないということで、失敗します。

藩の家老は、その結果を受けて、次のような申し渡しをします。

「九八郎儀、最初より上の御ためにもよろしく」、つまり九八郎は藩主のためにもなり、お金が行き渡ることによって、藩の人々も甚だ潤うというように言って上申したので実行させたところ、「大いに御不利益に相成り」——かえって藩の不利益になり、「士民共にことごとく痛み候しかた」——侍も民衆も、どちらも大変痛む、つまり損害を与えるようなやり方であって、「かたがたもって、罪責軽からざる儀」——非常に罪が重い、殿様（藩主）も「不届至極」と思し召しているので、「ご成敗仰せ付けらるべく候へども」——

成敗に処すべきかもしれないけれども、罪一等を減じて「切腹仰せ付けらる」と、成敗ではなくて切腹を命じられます。

政策の失敗、よくなるようにと思って立案して実行した政策でも、失敗してしまうと結果責任が問われて、「不届至極」とされ、下手をすると斬首される可能性もあったということなのです。経済政策の失敗でも切腹が命じられたのです。

九八郎の建言は、家老が合議して許可しているわけですから、家老の責任でもあるわけです。さらに、それを許可した藩主の責任でもあるわけですが、当時はそのような発想はしません。直接その計画を立案した人間の言うことを聞いてやったのだから、成功・失敗は計画を立てた人間の責任である、失敗したら担当者が腹を切るということで、家老はその直接の担当者に責任を取らせるということになります。現場の責任者が腹を切るということになるわけですね。

誰かが責任を取るということ

藩を揺るがすような深刻な事件となると、今度は藩主を助けるために家老が切腹するということになります。禁門の変は、長州藩が京都での主導権を奪回するため、御所を守る会津藩や薩摩藩を攻撃した事件です。長州藩が過激になり、天皇を連れ出して攘夷《じょうい》を行うというような方針を出したりするので、薩摩藩と会津藩が連合して、長州藩の朝廷警備の役目を解かせ、京都から追い出すわけです。そのあと、池田屋事件という、新撰組が長州藩士など京都に潜入していた者を襲い捕縛するという事件があります。激高した長州藩は、京都を奪回するため挙兵しますが、撃退されたというのが禁門の変です。

運の悪いことに、八月四日には、アメリカ、イギリス、フランス、オランダの四か国連合艦隊が下関を砲撃します。これは、前の年に長州藩が彼らの商船を撃ったことへの報復攻撃でした。長州藩は、たいへん困難な状況に陥りました。幕府は、元尾張藩主の徳川慶《よし》勝《かつ》を征長総督として、三十六藩を動員して長州藩を攻めます。にっちもさっちも行かなくなった長州藩は、とりあえず事態を収めようということで、次のような奏上書を出します。

「去月十九日の事（禁門の変）、臣（毛利慶親《よしちか》）恐懼《きょうく》に堪えず、益田・福原・国司の三臣、臣が鎮撫《ちんぶ》の命に背き、却って亡命党の首となる。その罪大なり。因《よ》ってこれを幽《ゆう》しもって後命を待たしむ」

つまり、禁門の変では、益田、福原、国司の三人の家老が、藩主である自分の命令に背いて、御所攻撃の首魁《しゅかい》になってしまった。その罪は大きい。そのため、彼らを幽閉し、後命を待たせている、という奏上書を提出して、恭順の意を表するわけです。

このときの長州征伐軍の参謀役は西郷隆盛で、西郷は長州藩を潰すつもりはなく、益田、福原、国司の三人の家老の首を差し出し、藩主が謝った形をとれば許すということで調停にあたります。

『国司信濃親相伝』という本を書いた堀山久夫という郷土史家は、次のようなことを言っています。

「臣はあくまで君を守るためのものであり、生命は主君にささげたものである。平素、藩主の禄をいただく藩臣のそれが義務であり、責任である。そうしたことは、藩主が強要するのではなく、その身勝手でもなく、おのずからそうであるべき武士道藩制下の絶対的な臣道であった」

つまり、藩主・毛利慶親の責任逃れの奏上書も、国司の行動も肯定しているわけです。現在なら、慶親も京都を攻めるということを承認し、軍隊を率いて後ろの方にいたわけです。だから、誰が首謀者かというと、その責任者は慶親になるわけですけれども、こうした場合に、その主君を守るために藩士がいるので、代々禄をもらって家老の地位にあるということは、主君にもしものことがあるときには、自分がその身代わりになるのが役目である。そのようなことは藩主が自分の保身のために強要するようなものではなく、身勝手でもなく、本来封建制度下の藩士とはそのようなものだということを言っているわけです。

毛利慶親らの責任逃れを合理化しているような文章でありますが、私も実際にそういうものだったと思います。旧藩時代には、藩主に害が及ぶ場合は、あくまで家老が代理となって藩主を守るのが当たり前だった、ということです。

封建制下の藩というものは、藩主を中心とした組織でありまして、将棋のようなもので、王が取られてしまうと負けます。王さえ生かしていれば、飛車も角もいなくなってもまだ戦えるという、そういうものなのです。だから、王が危ないときには飛車や角が身を捨てて王を守るわけです。飛車や角も、安泰のときには金や銀を捨ててしのぎます。今から考えたら身勝手なようだけれども、それが当たり前ということです。

それで、結局、三人が藩主のお考えにかなわず、背いたところがあったので、役を免じると命じます。それで三家老に腹を切らせてその首を提出し、慶親父子は自ら署名した謝罪状を提出します。

参謀役だった宍戸左馬之助・中村九郎・竹内正兵衛・佐久間佐兵衛は、萩《はぎ》城下の野山の獄で斬首されます。斬首したのは、実権を握った萩藩の保守派です。彼らは、切腹すら許されなかったわけですね。家老は切腹で済んだけれども、それより下の者は斬首だったということです。

毛利慶親は、この事件によって十二代将軍家慶からもらっていた「慶」を取り上げられて、「敬親《たかちか》」と名乗るようになります。毛利敬親は、本来の責任者でありますけれども、すべて家臣が上申したのを許しているわけです。当時、敬親は「そうせい侯」と言われていまして、藩士が、これから京都を攻めましょうと言うと、「そうせい」と言い、自分は大将になって京都に向かうわけです。それで、負けて帰って、今度は別の家臣が、三家老の首を差し出して、幕府から許してもらいましょうと言うと、「そうせい」と言うわけです。それで、三家老の首を提出させます。

そうすると、それを不満として下関で高杉晋作が挙兵して、保守派を打ち破って、また萩の主導権を取り返して幕府と対決するようになります。そして敬親に「これからやはり幕府と対決しましょう」と言うと、また「そうせい」と言うわけですね。それで、長州藩はまとまり、第二次長州戦争では幕府の方が各所で敗北し、撤兵します。そのあと、明治維新が実現するわけです。それで、そのそうせい侯、「そうせい」と言っていた敬親は、幕府が倒れたというように聞いて、周辺の家臣に、「それで、俺はいつ将軍になるんだ?」というように聞いたという逸話が残っていますけれども、それだけ世の中に疎《うと》い人であったようです。明治時代は侯爵にまでなります。敬親の行動は現在から言えば問題があるようですが、行動的な家臣に任せるというのが藩主の一つの理想型でもあったようです。近代の日本軍でも、実際は参謀本部の中堅幹部が上を突き上げて、日本の方針を誤らせていますが、将官クラスの者はそれを抑えるでもなし、けっこうその上に乗っていました。これは、日本的な慣行のようです。

この切腹という制度を考えると、武士であるがためにわずかのミスも命取りになってしまうという緊張感があるわけです。しかし、そうはいっても泰平の時代なので緊張感が緩むことはある。その場合、やはり失敗して謝るだけでは済まないで、腹を切らなければばいけなくなります。だから、江戸時代の「武士道書」と言われるものを見ると、武士はいつも死のことを考えろというように書いているのです。なぜ考えなければいけないかというと、例えば盛り場などに出ていって楽しく遊んだりしていると、人込みの中にどのようなばか者がいて、けんかになって、主君の名を出したり、名誉を失ったりして、腹を切らなければいけなくなる。そのようなことをよく考えて、軽はずみな行動や盛り場で遊ぶようなことはやめろという、そういう教訓がよく書かれています。武士は、現実にわずかなミスも命取りになったわけです。

事件が起こったときは、誰かが責任を取れば、事件はなかったものとなるわけです。だから、誰が責任を取るかということが重要になるわけですが、やはり責任を取るということは、現在とは違って単に辞めるということではなく、切腹しなければいけません。そのため、不祥事が起こったときには現場に押しつけようとする力学がどうしても働いているような気がします。いよいよ藩主が危なくなると家老が腹を切りますけれども、そうでなければ直接の担当者に腹を切らせます。

日本においては、誰かが死ねば責任を取ったという形式が整うので、そのことについての責任はもう問わないということになります。現在の謝罪会見にも見られるように、誰かが責任を取るかたちを見せなければなりません。現在では、現場に責任を取らせて会社のトップは助かるということは世間が許さなくなっていますので、やはりトップが出ていって、とにかく謝って収めてもらおうとするというようになっています。

日本人の名誉心

江戸時代の武士の責任の取り方は、やはりごく軽微な落ち度でも切腹しなければいけないことがあるので、先ほども言ったように、緊張感を持って日常を送れという教えがあります。しかし、逆に誰かに責任を取らせれば事が終わるということもあって、いい面と悪い面があります。ただ、それぞれの武士は、やはり自分の責任感はよく認識していますので、上の者が下の者に、その責任感の強さに訴えて腹を切らせるということも、そのような思考法が寄与していると思います。

江戸時代の人事の全般を振り返ってみますと、やはり家格が重視された人事になっています。しかし、そのことによって家格のない、しかし、実務に精通した下級役人たちの風俗、風儀が非常に悪くなって、上をないがしろにして私腹を肥やすような、そのようなおごりにもつながっている。この家格重視の人事というものと、この下級役人のおごりというものは、実はメダルの表と裏になっているのです。だから、人事は、そのようなことも考えながら、モチベーションを上げるような方法を用いないと、やはりどうしても実務を担当する人間がよどんでしまうということがあります。そういう構造の中で、特定の者にしかるべき待遇を与えると、逆により強い忠誠心が生まれます。

今日は武士の話をしてきましたけれども、このような名誉心の強さというものは、ちょっと形は違うのですけれども、町人や職人にもありました。町人や職人の名誉心も、実は日本では非常に強いのです。

イエズス会の宣教師が書いているのですけれども、日本の人間は、最下層の農夫や職人と話をするときでも、非常に丁重な言葉を使わないと、相手は自分をばかにされたと思って、自分たちが与える非常に有利な仕事をせずに、プイといなくなってしまうと言っています。町人たち、職人たちの名誉心は非常に強く、お金よりも大切にします。だから、ものづくりにしても、この製品は幾らもうかるからということではなくて、自分の職人としての腕の誇りをかけてきちんと仕上げる。そのことが自分の名誉を守る。町人は、商いにおいてはうそをつかない。誠実に対することで、かえってもうけにもつながる、そのような名誉というものをずっと持っているわけです。イエズス会の宣教師は、ヨーロッパの下層階級とは違う日本の庶民を見たわけです。日本では、武士から、町人から、職人から、農民もそうですけれども、すべて名誉心を持って働いていた、それが日本人の特徴なのだと思います。

そのような人間像を生んだ日本という国は、ずっと昔から政治の体制は変わりながら日本という国は変わらないという信頼があるようです。その普遍の国という観念が、個々の人間の名誉心を生んだのではないかと私は思っています。

本書は二〇〇八年十月、新潮社より刊行された新潮文庫『江戸の組織人』の朝日新書版です。巻末に、二〇一八年一月に行われた公益財団法人倶進会開催の公開セミナーの講演録を新たに収録しました。

山本博文 やまもと・ひろふみ
1957年、岡山県生まれ。東京大学文学部卒業。同大学院修士課程修了後、東京大学史料編纂所へ入所。『江戸お留守居役の日記』で第40回日本エッセイスト・クラブ賞受賞。著書に『「忠臣蔵」の決算書』『大江戸御家相続』『宮廷政治』『人事の日本史』(共著)など多数。学習まんがの監修やテレビ番組の時代考証も数多く手がける。2020年逝去。

朝日新書
861

江戸《えど》の組織人《そしきじん》

現代企業も官僚機構も、すべて徳川幕府から始まった!

2022年4月30日第1刷発行

著　者　山本博文

発行者　三宮博信

カバーデザイン　アンスガー・フォルマー　田嶋佳子

印刷所　凸版印刷株式会社

発行所　朝日新聞出版
〒104-8011　東京都中央区築地5-3-2
電話　03-5541-8832(編集)
　　　03-5540-7793(販売)

Published in Japan by Asahi Shimbun Publications Inc.
ISBN 978-4-02-295172-4
定価はカバーに表示してあります。

落丁・乱丁の場合は弊社業務部(電話03-5540-7800)へご連絡ください。
送料弊社負担にてお取り替えいたします。

朝日新書

死者と霊性の哲学
ポスト近代を生き抜く仏教と神智学の智慧

末木文美士

「近代の終焉」後、長く混迷の時代が続いている。従来の思想史や哲学史では見逃されてきた「死者」と「霊性」という問題こそ、日本の思想で重要な役割を果たしている。19世紀以降展開されてきた神智学の系譜にさかのぼり、仏教学の第一人者が「希望の原理」を探る。

宇宙は数式でできている
なぜ世界は物理法則に支配されているのか

須藤　靖

なぜ宇宙は、人間たちが作った理論にこれほど従っているのか？　ブラックホールから重力波まで「数学的な解にしかすぎない」と思われたものが、技術の発展によって続々と確認されている。神が仕組んだとしか思えない法則の数々と研究者たちの探究の営みを紹介する。

防衛事務次官　冷や汗日記
失敗だらけの役人人生

黒江哲郎

防衛省「背広組」トップ、防衛事務次官。2015年から17年まで事務次官を務め南スーダンPKO日報問題で辞任した著者が「失敗だらけの役人人生」を振り返る。自衛隊のイラク派遣、防衛庁の省昇格、安全保障法制などの知られざる舞台裏を語る。

第二次世界大戦秘史
周辺国から解く 独ソ英仏の知られざる暗闘

山崎雅弘

人類史上かつてない広大な地域で戦闘が行われた第二次世界大戦の欧州大戦。ヒトラー、スターリン、チャーチルの戦略と野望、そして誤算――。彼らに翻弄された、欧州・中近東「20周辺国」の視点から、大戦の核心を多面的・重層的に描く。

音楽する脳
天才たちの創造性と超絶技巧の科学

大黒達也

優れた音楽はどのような作曲家たちの脳によって作られ、演奏されているのか。ベートーベンからグールドまで、偉人たちの脳を大解剖。深い論理的思考で作られているクラシックをとことん味わうための「音楽と脳の最新研究」を紹介。

昭和・東京・食べある記

森　まゆみ

東京には昭和のなつかしさ漂う名飲食店があちこちに。「安くてうまい料理」と、その裏にある、作る人・食べる人が織りなす「おいしい物語」を作家で地域誌「谷根千」元編集者の著者が、食べ、かつ聞き歩く。これぞ垂涎の食エッセー。

不動産の未来
マイホーム大転換時代に備えよ

牧野知弘

不動産に地殻変動が起きている。高騰化の一方、コロナによって暮らし方、働き方が変わり、住まいの価値観が変容している。こうした今、都市や住宅の新しい価値創造は何かを捉えた上で、マイホームを選ぶことが重要だ。業界の重鎮が提言する。

全米トップ校が教える自己肯定感の育て方

星　友啓

学習や仕事の成果に大きく関与する「自己肯定感」は世界的にも注目されるファクターだ。本書は超名門スタンフォード大学オンラインハイスクールで校長を務める著者が、そのコンセプトからアプローチ、エクササイズまで、最先端の知見を凝縮してお届けする。

リスクを生きる

内田　樹
岩田健太郎

コロナ禍で変わったこと、変わらなかったこと、変わるべきことは何か。東京一極集中の弊害、空洞化する高等教育、査定といじめの相似構造、感染症が可視化したリスク社会を生きるすべを語る、哲学者と医者の知の対話。同著者『コロナと生きる』から待望の第2弾。

全面改訂 第3版 ほったらかし投資術

山崎　元
水瀬ケンイチ

これがほったらかし投資の公式本！　売れ続けてシリーズ累計10万部のベストセラーが7年ぶりに全面改訂！　おすすめのインデックスファンドが一新され、もっとシンプルに、もっと簡単に生まれ変わりました。iDeCo、2024年開始の新NISAにも完全対応。